心を鍛えれば
運は開ける

炎　の　行　者　の　幸　福　論

池口恵観

SEIKO
SHOBO

心を鍛えれば運は開ける　目次

第一章　人生まだまだ捨てたものではない

第二章　計り知れない人間の可能性

第九章　この世の基本は親子の関係

第十章　凶悪霊と守護霊を考える

装幀――フロッグキングスタジオ
カバー写真――木村仲久
本文写真――『阿闍梨』（烏帽子山最福寺刊行）より

心を鍛えれば運は開ける

第一章　人生まだまだ捨てたものではない

人はなぜ、自分に自信を持てないのか

最近、むやみに自分を卑下《ひげ》する人が多くなったように思う。自分自身を過小評価して自己嫌悪に陥り、「自分には何の才能もない」とか「私はダメな人間なのだ」と決めつけてしまっている人たちだ。

こういう人たちは、心の中にある「闇」を見つめすぎているのではないかと私は思っている。欠点や短所は誰でも持っているものだ。しかし、彼らはこういった「闇」の部分をあまりに真剣に見つめすぎて、逆に「闇」に取り込まれてしまったのではないか。

私の寺（烏帽子《えぼうし》山《ざん》最福寺《さいふくじ》）には、いろいろな悩みを抱えた方が訪ねてくる。一流大学の卒業生から手のつけられない不良少年、元やくざや殺人罪で有罪判決をうけた前科者

まで、実にさまざまである。彼らはそれぞれ、心に何かしらの悩みを抱えている。悩みの対象はそれこそ「十人十色」だが、ひとつだけ全員に共通していることがある。彼らは自分をこの世でもっとも無能な存在だと決めつけ、自分のやることなすことすべてを否定的にしか捉えていないのだ。

その人が自信を失っているかどうかは、目を見ればたいていわかる。「目は口ほどにものを言う」とか「目は心の窓」という格言があるように、目ほど気持ちを正確に伝えるものはない。自信のない人の目は、宙をさまよって相手の視線を避けるようになるものだからだ。

最福寺を訪れてきた方のほとんどは、はじめて私と正面から向かい合ったとき、私と目を合わせようとしなかった。しかし、彼らは寺で修行を重ねることで、少しずつ、だが確実に自信を取り戻し、いまでは私の目を見つめて話をすることができるようになった。

さて、人が自信を喪失する原因とは、いったい何だろうか。それはその人が「心の袋小路」に迷い込んでしまったからにほかならない。自分自身の技能や価値、存在意義などについてあれこれと考えをめぐらせているうちに、出口がどこかわからなくなり、ついには自分をも見失ってしまったのだ。

プロ野球の世界を例にとってみよう。第一線で活躍する、いわゆる一流といわれている選手たちは、技術・体力面ではほとんど差がないという。試合やポジション争いで、何が勝敗を左右するかといえば、自信と集中力、そして勝ちたいという意欲の差だそうである。

そういう中で、どこの球団にもチャンスに活躍できないバッターがいる。練習では柵越えの当たりをいくつもかっ飛ばすほどの力があるのに、いざ試合となると、突然打てなくなってしまう。打てないどころか、バットがボールにかすりもせず、三振の山を築くばかり……。

俗に「ノミの心臓」とも呼ばれるように、こういった選手は気が小さくて、何をするにも「失敗したらどうしよう」というマイナスの発想にとらわれ、心の中を不安でいっぱいにしてしまう。人は不安を感じると、身体が緊張する。緊張すれば筋肉は萎縮するので、動きが硬くなる。動きが硬くなったら最後、本来の実力を十分に発揮することはできない。そして失敗が重なれば重なるほど、「うまくいかない自分」に対してさらなる不信感を抱いてしまうのである。

一度、自己不信の袋小路に陥ると、抜け出すのは至難の業《わざ》となる。それではこの悪循環から抜け出すにはどうすればいいのだろうか。

己を信じて行動すれば、人はおのずと光り輝く

さて、先ほど私の寺を訪れる人たちの話をした。いずれも「自信喪失の悪循環」の中で苦しんでいた人ばかりである。

しかし彼らは、いまではすっかり自信を取り戻し、見事に立ち直っている。元やくざは足を洗って正業についているし、元不良で、さんざん私たちの手を焼かせた鬼っ子の弟子も、今では先輩行者として寺に来る人たちを導いている。かつて人をあやめた者は前歴を悔いて地蔵尊を彫り続け、ついにはすっかり心根《こころね》を入れ替えて、更生した。

こういう人たちを見ていると、「絶対にダメな人はいないのだ」とつくづく思う。世の中からはみ出してしまうのは、それまで大切に教え導いてくれる人がいなかったからにすぎない。彼らを一人の人間としてきちんと受け止め、正面から向き合っていけば、いずれはその人の持つ長所が内部からにじみ出てくるものである。

だから私は会う人を、先入観や外見、過去の経歴から判断することは一切しない。ど

れが長所でどれが短所かは一概には決められないし、その人がどんな可能性を秘めているかは、すぐにはわからないからだ。修行ひとつをとってみても、ガッツのありそうに見える人が三日と続かないこともあるし、一見するとひ弱そうでいても、実は素晴らしい行者になる素質を秘めている場合もある。

柿の木のまわりに雑草が生えてきたとしよう。ふつうに考えれば、雑草なんていらないものだ。刈り取ってしまうのが当たり前かもしれない。雑草は景観を損なうし、何より繁殖力が強いので柿の木の養分を横取りしてしまう。

しかし、ここで雑草をそのままにして木を育てるとしてみよう。水と栄養を与えながら丹念に育てれば、柿が生長するにつれ、雑草も生い茂っていく。ところが木が大きく育って葉が生い茂った結果、その陰になった雑草は日が当たらなくなり、自然と枯れてしまう。しかも枯れた雑草は柿の木の良い肥料になり、木はますます大きくなり、おいしい柿を実らせることになる。

つまり、生い茂った雑草（短所）をいちいち気にするよりも、柿の木（長所）を育てることに専念するほうが、結局はより大きな価値を生み出すことになるのである。

薬でも同様だろう。特効薬ほど副作用という毒が大きい。毒の作用が少ないものが健康薬品と称するもので、「毒にも薬にもならない」といわれるように、これも人間にたとえられるものだが、そんな存在にはなりたくないものだ。

短所は長所を殺すものではない。むしろ、短所があるからこそ長所が生きてくるといえようか。短所があるからこそ長所が目立つのであり、短所は長所のこやしにもなる。ひたすら自分の短所を気にして潰《つぶ》しにかかってばかりいるようでは、せっかくの長所が見えにくくなってしまう。やりすぎると、「自分にはよいところなど何もない」とさえ思えてくるものだ。

だからこそ、自分の欠点を探すのではなく、自分のよいところを見つけていただきたい。そして、そのことを自分の楽しみの一つにしていただきたい。そうすれば何もないどころか、自分にはよいところがいっぱいあることに気づくはずだ。いままで短所だと思っていたところさえ、長所に見えてくるだろう。たとえば、あなたの弱点は「臆病」なのではなく、実は「他人の心を思いやる思慮深い人」だったりもする。

「それ仏法遙《ぶっぽうはる》かにあらず。心中にしてすなわち近し。真如《しんによ》（悟りの道理）外にあらず、身を捨てていずくんか求めん。迷悟《めいご》われに在れば発心《ほっしん》すればすなわち至る……」

弘法大師《こうぼうだいし》は『般若心経秘鍵《はんにゃしんぎょうひけん》』の中でこのように教えておられる。「悟《さと》りとか真理というものは、自分の中にあるものだから、外を探しても見つからない。正しい信仰心をもって真剣に祈れば、み仏は必ず救ってくださる」という意味である。西洋の寓話《ぐうわ》の「青い鳥」を持ち出すまでもなく、幸せはわが心にあると、弘法大師は千年も前から教えてくださっていたのだ。

私たちの中には、必ず長所がある。罪を犯すことはあっても、絶対に「ダメな存在」の人などいないのである。仮に大きな罪を犯したことを自覚したら、過去にとらわれるのではなく、善行をどんどん積み重ねていくことだ。大切なのは過去ではなく現在であり、過去の自分ではなく、善行を積む現在の自分こそが、本来の自分の姿だ。

人生において無駄なことは、何ひとつとしてない。自分がやってきたことをマイナス思考で考えるのではなく、プラス思考で考えることが大事になる。「あのときの自分があったからこそ、いまの自分があるのだ」というように前向きに考えることができれば、自分の短所や過ちも欠陥だとは思わなくなる。

このように、自分の長所を見つけて、ものごとを前向きに考える習慣を身につけること。それが自信を取り戻すための第一歩となるのだ。

「精神の放浪者」になってはいけない

いま、日本社会では、急激に価値観の多様化が進んでいる。個性を重んじ、多くの人があらゆる分野で活躍できる世の中はたいへんありがたいものだ。しかしその一方で、倫理や道徳は軽視され、個々人の自由や権利を極端に優先して考えるという風潮が一般化しつつある。「私の勝手だから……」「結局は自分で責任を持つんだから……」といった言葉が端的に示すように、無条件に近い状態で正当化され、許容されている。

それだけに現代では、自分の中に確固たる信念を持っていないと〝精神の放浪者〟になってしまうおそれがある。「これはおもしろくない」「あれとは肌が合わないから嫌だ」と何の満足も得られないまま、あっちへフラフラこっちへフラフラ、その場その場で感情のおもむくままに生きている人が目につく。その結果、いろいろなことに手を出してはみたが、結局、何ひとつ自分のものにならないまま人生を終わってしまうという人が少なくない。このような〝精神の放浪者〟にならないためには、どこに心の拠りどころを置けばよいのだろうか。

私たちは、あまりに長いあいだ物質文明にひたりきっていたため、精神の充足のさせ方（すなわち、心の拠りどころ）をすっかり忘れてしまった。このことは、自分の「心」をどう取り扱えばよいのかがわからなくなっていると言い換えられよう。ここ数年来、「心の時代」ということが声高に叫ばれているのは、人々が〝精神の放浪者〟になりつつあることへの反省であろう。

この世の「モノ（物質）」はすべて、いつかはなくなる。永遠に存続する「モノ」などありはしない。しかし、人間の「心」は不滅である。私たちは「精神が荒廃した世の中」を目の当たりにしてはじめて、このことに気づいたのである。

「モノ」を得た喜びというのは、得た瞬間に消えてしまうものだ。「モノ」を得るということは元来、刹那的《せつなてき》でしかあり得ない。また、「モノ」を得たとしても、そのすぐあとには、さらなる欲望がきざしてくる。食欲しかり、愛欲もまたしかり、である。

贈答にケーキをいただいたとしよう。とてもおいしかった。だが、その満足はすぐに忘れ去られ、「もっと食べたい」という欲望が生まれてくる。すると次には、もっと食べたいのにケーキが手に入らないことが許せなくなる。手に入らないとなると、ますます欲しくなる。

「貪欲《どんよく》」は尽きることがない。モノにこだわればこだわるほど、ほかのものが見えなくなってしまうし、ついにはそれを手に入れることのできる人を嫉妬するようにさえなる。

「ケーキをもっと食べたい」と思ったとき、相手の気持ちになってみてはいかがだろうか。相手は、「おいしいケーキをほかの人にも食べさせたい。さしあげた人の喜ぶ顔を見たい」と思ったからこそ、わざわざ持ってきてくれたのだ。その人の気持ちがわかれば、次は自分がおいしいと思った和菓子を相手に贈ろうと考えるのが自然といえる。同じ「食べたい」という自分の気持ちも、相手の心がわかれば、同じ喜びを分かち合おうという心にも変わるものだ。

いまの世の中には「我欲《がよく》」へのこだわりが多すぎる。自分にこだわり、他人にこだわり、職業にこだわり、学歴にこだわる……。その一方で、「私は物欲とは無縁だ」「金銭欲なんてない」という人もいる。しかし、こだわりを否定することもまた、「執着《しゅうじゃく》」の一種といえる。こだわりが「ある」ことも「ない」ことも気にならなくなったとき、はじめて人間は自由になって、心の不安を解消できるのだ。

とはいえ、すべての執着心を捨て去るのは難しいことだ。「きょうからこだわりを捨てます」と宣言しても、なかなかできるものでもない。

執着心を捨てるとは、「無心の境地」を手に入れることだといってもよい。「無心」とは何も考えないことではなく、心にわだかまりがない状態のことをいう。

苦と楽、毒と薬、幸と不幸……、それらは別々にあるものではない。表裏一体のものだ。ことさら苦を避け続け、安逸《あんいつ》にだけつこうとするのではなく、苦も楽も表裏一体のものであり、あるがままに受け容れるという心のあり方が「無心の境地」といえよう。

人は苦しみの大きさによって、楽しみの大きさを量《はか》ることができるのだ。苦しいことばかりでも人生は嫌になるが、楽ばかりしていてもつまらない。苦しいことがあるから楽しさも倍になるのだし、不幸があるからこそ、幸福を心から楽しむことができるのである。

生き甲斐を感じるのは、そこに達成感が伴うから

「自分は生きているんだ、と実感できる手応えがほしい」。これが人間の切なる望みだ。この世界に自分が生きて、何かを残したという証《あかし》を手に入れることは、その人の存在意義にもかかわる重要なテーマである。

このように、常に生き甲斐を求めているのが人間という存在である。だからこそ、生

き甲斐をなくしたときや見つけられずにいるとき、人は「虚《むな》しい」と感じるのだ。では、この曖昧《あいまい》な「生き甲斐」というものの正体は、いったい何であろう。

どこの県庁所在地に行っても、必ずといっていいほど「カルチャーセンター」というものがある。主婦層にたいへんな人気があるそうで、編み物教室から料理教室、ダンス、合唱、文章教室など、余暇を有効につかって勉強し、より豊かな生活を楽しもうという方が意欲的に習いごとを楽しんでおられる。子供がある程度大きくなって育児や家事に追われることのなくなった主婦が、人生を豊かにするために習いごとをする。こういった趣味が、どれほど老後に役に立つかは計り知れない。しかし、ちょっと待っていただきたい。本当に「稽古《けいこ》ごと」で人生が豊かになるのだろうか。

私の考えを率直に申しあげれば、答は「否」となる。私はなにもカルチャーセンターを批判して、趣味を探している主婦の方を攻撃しようというのではない。私が言いたいのは、「生き甲斐」を得るには「達成感」が必要不可欠なのではないか、ということだ。

こんな人をよく見かける。編み物教室に通って技術を学び、子供のセーターや夫のマフラーなどをつくって編むものがなくなると、次は料理教室に通う。料理をひと通りマスターすると、今度は水泳。そしてテニス、乗馬、スキー教室へと、まるで飲み屋のハシゴのように教室を転々とする毎日……。しかし、それぞれを断片的にかじっただけでは、本当の達成感は得られない。そもそも稽古ごとをする目的が、趣味を持って人生を豊かにすることではなく、教室に通うことそれ自体になっているからだ。

余暇を利用した習いごとや技能というものは、その人、その個人の自己満足で終始してしまいがちだ。しかし自己満足では、本当の達成感はつかめない。だから一つが終わると、また新たな満足感を求めて次の稽古ごとに夢中になるのだ。

では、一つのものに達成感を得られればよいのかというと、それもまた違う。

ある老人クラブで「身体を動かす機会がないから、楽しみながら運動しましょう」と、近所の方が集まってゲートボールをはじめた。最初は純粋に運動を楽しむ集まりだったのだが、ふとしたことで対抗試合に出場して好成績をあげたという。そうなると、次の試合ではもっと上を目指そうということになる。より実戦的な練習をしたり、上手な人がとなりの区域から招かれて選抜チームが結成される。選抜チームで試合に出場すればさらに上位に勝ち残り、選手はより一層、練習に励むようになるだろう。

しかし、選抜チームに選ばれなかった人はどうだろうか。ゲートボールを楽しむつもりでいたのに、いつの間にか勝つことを目指した練習になっている。不平不満も出てきて、やめてしまう人も出てくるだろう。

こうして選抜メンバーに入った人は試合に勝つことで達成感をおぼえ、ゲートボールが生き甲斐になったが、その一方で、選ばれなかった人は生き甲斐を失う結果になってしまったのだ。一部の人の生き甲斐が、他の人の生き甲斐を奪う、これでは本当の生き甲斐ということにはならない。

フランスにこういう小話がある。ある人が、朝から酒を飲んでいる男に、なぜそんなに酒を飲むのかと尋ねた。男はコップに酒を注ぎながら、「酒を飲むのを忘れるためだ」と答えた。酒を飲み過ぎては自分が堕落してしまう。それを知っているので、なんとか酒の誘惑に勝たなければならない。酒の誘惑を忘れるために、また酒の力を借りる。男はそういう理由で朝から酒を飲んでいたというのだ。

人は往々にして、こういう愚かな行為を繰り返してしまうものらしい。生き甲斐を求めても達成感が得られない。そして他の生き甲斐を求める亡者《もうじゃ》となって、人は限りなく孤独な時間を過ごすことになる。

では、真の達成感とは何であろうか。

「少欲知足」こそ真の達成感を生む土壌となる

お釈迦さまが涅槃《ねはん》（一切の煩悩《ぼんのう》から解脱《げだつ》した、不生不滅《ふしょうふめつ》の境地）に入られたとき、「知足《ちそく》の教え」を説かれた。知足とは「足るを知る」こと。つまり、いまのままで充分ということを知る、すでに足りていることを知る、ということだ。

人生は欲望の連続だ。名誉、財産、権力、恋愛など、人の求める欲望は無限の泥沼のように深い。ひとたびこの欲望にとらわれると、次々にほしいものがあらわれ、ついには満足を知らずに一生をついやしてしまう。

江戸時代の末期に、良寛《りょうかん》という禅宗のお坊さんがおられた。歌人としても名高い人なので、ご存じの方も多いと思う。この良寛さんが到達した境地こそ、「知足」だった。良寛さんは托鉢《たくはつ》修行のために飄々《ひょうひょう》と各地を行脚《あんぎゃ》した末に、郷里に帰って「五合庵《ごごうあん》」という庵《いおり》を結んだ。人というのは、五合の米さえあれば一日を生きていける。生きていければそれで充分だという意味でそう名づけたという。

焚くほどは　風がもてくる　落葉かな

これは良寛さんの有名な俳句だ。ご飯を炊くくらいの薪《たきぎ》なら、なにもむさぼるようにして探し求めることもない。それくらいの落葉は風が勝手に運んでくれるものですよ、と悠々自適の身の上を詠《よ》んでいる。「知足の教え」を象徴する一句といえるだろう。

足るを知れば、憂《うれ》いや不満がなくなり、心安らかに日々を送れるものだ。そうなれば、自分のものを他人に施すことも惜しくなくなる。逆に、ほしい、ほしいと欲張っていたら、両手に抱えきれないほどの財産を持っていても、こぼれた分も惜しいと思うようになり、早く拾わないと誰かに奪われてしまわないか、といった余計な心配事まで生じてくる。はたからはどれだけ裕福そうに見えても、抱えきれないほどの財産を持っていると、心安らかではいられないものだ。

自分はいまのままで、充分に心満たされて生きている。そう感じることができれば、余分なものを誰かに分け与えることができる。こうした「足るを知る心」から奉仕の精神も生まれてくるし、その分、徳を積むことにもなる。

本当の意味での達成感とは、「自分が誰かの役に立っている」ということを心から感じとれることではないだろうか。

第二章　計り知れない人間の可能性

今できないからといって、この先ずっとダメとは限らない

小学生のころ、クラスの中に「出来が悪い」と周りからいわれている男の子がいた。何に対しても無気力で、成績も下から数えたほうが早かったし、お世辞にも素行が良いとはいえない子供であった。

授業中なのにノートに落書きをしている。先生に呼ばれても返事をしない。怒られてもただふてくされているだけで、何をするにつけ、やる気があるのかないのかわからない。勉強ができないというよりも、学習意欲がまったく感じられない生徒であった。

教える側にとって、こういう子供は、はなはだおもしろくない存在なのだろう。ほとんどの先生がハナから彼を「困った子だ」と決めつけて、邪険《じゃけん》に扱っていた。「困った子」というのはどんな些細なことでもめいっぱい叱られるもので、彼もしょっちゅう先生に怒られていた。ふてくされていると、今度はほかの先生からも「素直じゃない」と叱られてしまっていた。

人間とはおかしなもので、周囲から「困った子だ」と決めつけられると、そういうふうに振る舞わなければならないと思ってしまう。先生が叱れば叱るほど彼は反抗的になり、ますます悪いことをするようになっていった。彼はこの悪循環からなかなか抜け出せずにいた。自分の良いところを見つけられず、周囲からも見つけてもらえずにいたのだ。

ところが、ある日を境に、彼は見違えるように変わったのである。そのきっかけは、新しい担任の先生が赴任してきたことだった。

その先生は、学校を卒業したばかりの女の先生だった。はじめて生徒を受け持つことになった先生は、ある覚悟をもってクラス全員に臨んだそうだ。「一人でも落ちこぼれる生徒が出たら、私はこの先教育の仕事を続けることはできない。どんな生徒にも必ず長所があるのだから、それを伸ばしてあげるのが私の使命だ」と。

そのためにまず、先生は、「生徒をほめる」ということを実践した。「礼の仕方が良い」とほめ、「廊下を静かに歩いている」と頭を撫《な》でた。ちょっとした生徒たちの行動を、日ごろから常に気に留めていたのだ。

ほかの先生たちから問題児として扱われていた少年にも、その先生は同じように接した。「叱る」のではなく、徹底的に「ほめる」ことにしたのだ。勉強に関しては、答が間違っていたら「もう少しがんばれば成績も上がるのよ」と励まし、ほんの少しでも点数が上がると「すごいじゃない。がんばったわね」と、彼の努力を称賛した。

ほめられていやがる生徒はいない。一所懸命に勉強するようになり、成績はみるみる上がっていく。成績が上がれば、先生はさらに激励してくれる。こうしていつもほめられていると、彼もだんだん「先生を困らせてはいけない」という気持ちになってきたそうだ。

一年後、いつもドンジリの成績だった少年は、いつしかトップに近い成績をとるようになり、クラスメートからも尊敬される素行の良い生徒の一人になっていた。彼はやがて志望の大学へと進学し、現在は大手企業の中堅幹部として活躍している。

この少年は、もともと頭は悪くなかったし、性格も本当に素直で真面目だったのだ。ただ、周囲の人がそれに気づいていなかったにすぎない。

人はみな、み仏から何かしらの「天賦《てんぷ》の才」を授かって生まれてきている。数学は苦手でも国語が得意だとか、勉強はできないが絵を描くのがとても上手だとか――そういった目立った特技ではなくても、物事を正確にこなしていく能力だったり、よく気がついて、人から愛される性格なども〝天賦の才〟だといえよう。

このように、人には必ず何らかの才能があるものだ。ただし、「自分には何の才能もない」と悲観的に考えたり、周囲の人がそう決めてかかったりすると、隠された才能はいつまでたっても埋もれたままになってしまう。ある尺度だけで自分の値打ちを測って、せっかくの才能を埋めたままにしておくのは、本当にもったいないことではないか。

自分の中に眠っている才能に気づくことが、「仏性《ぶっしょう》」（仏になれる素質）に目覚め、本来の自分に戻る第一歩となるのだ。

自分の役割、天分がわかったとき、天賦の才は開花する

誰もが必ず持っている「天賦の才」。これは、それぞれの人に与えられた「役割」、または「使命」と言い換えることができる。自分にしかできない、他人にはないものを持っている、それを周囲の人の役に立てる……。どれもみな、み仏から与えられた「才

能」の一つといえる。

密教では、み仏から与えられたこの「役割」を「体《たい》」「相《そう》」「用《よう》」という概念で考える。

まず「体」は、「物体」というように、個々の存在そのものを指している。昆虫を例にとってみよう。ひと口に昆虫といっても、いろいろな種類の虫がいる。チョウやバッタ、アリなど……。「体」とは、こういった昆虫が「存在する」ことをあらわす言葉だ。

次に「相」。「相」とは「形や姿」をあらわしている。チョウであれば二枚の翅《はね》とストローのような口を持っていること。バッタは緑色で、細長い身体をなして、後ろ足が発達している。アリなら暗い色で、胸と腹のあいだがくびれた体型と「く」の字に曲がった触覚を持っているという、ものとしての特徴をいう。

最後の「用」とは、「物体がそれぞれ持っている性質、作用」を指している。チョウの口がストローのようになっているのは花の蜜を吸うためで、バッタは草むらに隠れるために細長く、緑色の身体をしている。アリは餌を地面を引きずって動かすために強《きょう》靱《じん》な顎《あご》を持っている、といった具合である。

このように、個々の物体はそれぞれの独自の形や特有の性格を持っているというわけだ。チョウは花粉の媒介者であり、稲にとっては害虫のバッタでも、密生した草を食べて、草がほどよい生長空間を得るための間引きをしている。アリもまた、ほかの生物が食べ残した食物を処理する清掃人とも考えられる。

こと自然界において、むだで役割のない存在はあり得ない。この世のあらゆるものは、「体」「相」「用」の三つの特徴を持っていて、この特徴を活かしながら、それぞれに与えられた特有の職分を果たすために存在しているのである。

人間に関してもまったく同じことがいえる。何の役割も持たずに生まれてきた人はいない。顔かたちや性格、仕事の内容、そこで発揮される才能にいたるまで、同じ人が二人といないのは、それぞれ独自の役割を担っているからだといえよう。

み仏に与えられたこの「役割」を見つけられずにいるとき、他人が自分の役割を認めてくれないとき、人は孤独感や無力感といった負の感情を抱くものだ。

このマイナスの感情を消すにはどうすればよいか。

人にはそれぞれ、み仏から与えられたその人なりの才能、つまり天分というものがある。だから、ある一つの才能だけを取り出して他者と優劣を比較しても仕方がない。自分の中の秀でた能力を見つけ、それを天分と心して磨くこと。そうすることによって、あなたは別の側面から輝くようになる。

このように、自分の天分を早く見つけ出し、それを大切に磨くことが、負の感情から脱出する何よりの解決方法だといえる。

人は必ずしも平等ではないが、不公平だということはない

「山川草木国土悉皆成仏《さんせんそうもくこくどしっかいじょうぶつ》」

密教にはこういう教えがある。これは「地上に存在するものは有形無形を問わず、ことごとく『仏性』を持っている」という意味だ。人間から動物、昆虫、植物、石ころにいたるまで、すべてのものに仏性が宿っているというのだから、この世はどこもかしこも仏さまばかり、ということになる。

これはまた、この世のすべてのものは大日如来《だいにちにょらい》によってつくられたものであると同時に、大日如来そのものでもあるとする教えでもある。大日如来は密教界の中でもっとも偉い根本仏《こんぽんぶつ》だ。根本仏とは、仏の中の仏という意味だから、大日如来は数多くいる仏さまの〝ドン〟と思っていただければよいだろう。

密教では、この大日如来こそが、宇宙そのものだと考えている。この世に存在するありとあらゆるもの（体、相、用）が大日如来の顕現《けんげん》された（この世にあらわれた）姿で

あり、その本体はすべてが大日如来なのだ。したがって、この世に存在するものすべてが宇宙そのものである、と言い換えることができよう。

私たちは本来が大日如来そのものであり、内面に仏たちの素晴らしい智慧《ちえ》と慈悲《じひ》が備わっている。これが弘法大法の教える「即身成仏《そくしんじょうぶつ》」で、私たちはみな、現世《げんせ》で仏になれるということなのだ。

そのことがわかっただけでも素晴らしいことだが、それを理会《りかい》（物事の道理を悟ること）していても、現実生活で実践できなければ宝の持ち腐れになってしまう。

残念なことに、この現世には私たちの仏性の顕現《けんげん》を妨げる要因があまりに多いのも確かだ。複雑な人間関係や仕事のしがらみ、経済状態、こうした社会的な環境に影響を受けて私たちの「仏性」は心の奥底に沈み込んでしまうが、外部からの影響はひとつのきっかけにすぎない。

もっと困ることは、むしろ私たちの内面にある要因だ。外部の環境に引きずられて、素晴らしい力を持った個々人の「仏性」は心の奥底に沈んでしまいがちである。そして「仏性」が沈んだかわりに欲望やエゴといった醜い面がおもてにあらわれてきてしまう。

沈んだ「仏性」を外に引っぱり出すのは容易ではない。いったん引っ込んでしまった

「仏性」は、悪業《あくごう》（報いをもたらす悪い行い）を積むほど心の底に沈んでいくものだからだ。ここでいう悪業とは、社会的な悪事はもちろんのこと、心の中の「怠惰」や「貪欲」、「わがまま」といったものも含まれる。仕事で手を抜いたり、毎日を目的もなくいい加減に暮らしていく、自分本位にしか物事を考えない――。こういったことを続けていては、いつまでたっても「仏性」はあらわれない。

　では、「仏性」を引き出すにはどうすればよいのだろうか。

もっとも確実で手っとり早い方法は、「身口意《しんくい》」を清めることである。

「身口意」を簡単にいえば、人間活動の基本になっている「はたらき」（エネルギー）である。「身」は肉体のエネルギー、「口」は言葉のエネルギー、「意」は心のエネルギーを意味している。この作用を称して密教では「身密《しんみつ》」「口密《くみつ》」「意密《いみつ》」の「三密《さんみつ》」という。

　身を清め、口を慎み、悪い想念を戒めて常に仏を思えば、本来持っている「仏性」を磨くことができる。これを行住坐臥《ぎょうじゅうざが》（行く、来る、座る、伏せるという日々のすべての行い）において意識的に実践することを「行《ぎょう》」というのである。心を磨きあげれば曇りがなくなり、表面の汚れや角がとれていく。汚れや曇りがなくなれば、自分や他人がはっきりと見えてくるので迷うことがなくなる。

「行」によって三密を整え、自分の中の仏を引き出すことが、すなわち自分自身の中に潜む可能性を見つけるきっかけになる。

本来、私たちは内面に大日如来の力を備えているのだから、心の可能性は無限の広がりを持っている。すなわち、開発するべき能力は無限にあるのだ。

自分の可能性を引き出す最善の方法とは

「インスピレーション」は「ひらめき」とか「霊感」と訳されているが、この能力は、私たちの中に眠る可能性（大日如来のパワー）の代表的な例である。

研究者や芸術家に必要不可欠といわれている「インスピレーション」は、大宇宙にあまねく満ちた仏や先人たちの「智慧」なのだ。私たちの文化、すなわち素晴らしい芸術、文学、科学、技術、これらは誰かが自分の頭の中だけで生み出したものではない。そこには大日如来の智慧の投射があってこそ、それがひらめき（インスピレーション）の瞬間になってくるのだ。

私たちの肉体は死とともに滅びるが、霊はけっして滅ばない。この霊とは、先人の

「徳」とか「智慧」と言い換えることができる。私たちの足跡は、肉体が滅んだあとも宇宙に遍満《へんまん》（広くいっぱいに満ちること）して漂い続けているのだ。

「行」をおこなって深い無意識の状態になると、多くの先達《せんだつ》の智慧をいただくことができる。これがインスピレーションなのである。つまり、宇宙（大日如来）の智慧が、ひらめきというかたちでそれぞれの人の頭脳に放射され、それが受信されて実体化されたときに、さまざまな発明や発見、あるいは芸術作品が生まれてくる。

このインスピレーションを得るには、先天的な資質もあるが、「行」が欠かせない。だから私たち行者は「行」をして「身口意」を清らかにしているのである。「行」というと、座禅《ざぜん》や護摩行《ごまぎょう》のように、つらい、苦しいといったイメージがあると思う。けれども先にも触れたように、「行」とは特別なことをするものではない。何かを一心不乱にやる。それもひとつの「行」なのである。

勉強でも、スポーツでも、芸術、文化、仕事——何でもかまわない。自分が心から打ち込める何か。これを見つけて懸命に努力していると、自然と「身口意」は清められて、ある日突然、このひらめきがいただけるようになる。

日本ではじめてノーベル賞を受賞した湯川秀樹《ゆかわひでき》博士は、『般若心経《はんにゃしんぎょう》』の「色即是空《しきそくぜくう》空即是色《くうそくぜしき》」を唱《とな》えているときに「中間子理論」を思いついたとおっしゃっている。博士は読経《どきょう》という「行」によって「身口意」が清められ、宇宙に遍満するインスピレーションを得たといえよう。

また、版画家の棟方志功《むなかたしこう》さんも同様で、作品を彫っているときの心境を次のように述懐されている。

「仏さまが早く彫れ、早く彫れとおっしゃっている。だから私は無我夢中で彫り進んでいるのだ」と。

以前、テレビで棟方さんの創作風景を拝見した。版木に向かった棟方さんは、まるでビデオを早回しにしたようなスピードで、駆け抜けるように彫っておられた。「ずいぶん早い彫り方だなあ」と思ってテレビを観ていたのだが、棟方さんの言葉を聞くと、み仏の声が聞こえているあいだに、版木の中から自身の魂を彫り出そうと急いでおられたということがわかった。

どんな天才でも、自分の頭だけで新しいものをつくりだすことはできない。いわゆる天才とよばれる人は、このインスピレーションを受け取る能力を授かった人だといえる。「行」、すなわち何かを一心不乱におこなって身口意を清め、自分の内にある「仏性」に目覚めれば、この力は誰でも授かることができるのだ。

弘法大師は『即身成仏義《そくしんじょうぶつぎ》』の中で、身口意を清めることについて次のようにおっしゃっている。

「もし真言《しんごん》行者あってこの義を観察し、手に印契《いんげい》を作《な》し、口に真言を誦《じゅ》し、心三摩地《しんさんまじ》(妄念を忘れ、心が静寂安和の状態になること)に住《じゅう》すれば、三密相応《あいおう》じて加持《かじ》するが故《ゆえ》に、早く大悉地《だいしっち》を得《う》(願いがかなう)」

これは、「三密とは、なかなかうかがい知ることのできないものだ。しかし、真言の行者の導きで『行』をおこない、手に印契を結び、口で真言を唱え、心を平安にすることができれば、仏と感応することができる。そうすれば満願成就も夢ではない」ということである。

物事に対して常に真剣に向かい合う。邪念を捨て一所懸命に努力する。それが人生の「生き甲斐」でもあり、心と身体を浄化するひとつの「行」となる。これこそが、自分の中に秘められた多くの可能性を引き出すことにつながるのである。

第三章　信じあえる人がいるから人生は楽しい

愛されることを求める前に、人を愛する自分になる

「遠くの親戚より、近くの他人」。このことわざを長いあいだ、耳にしていないような気がする。言葉の意味は、「いざというとき、遠くにいる親戚に助けを求めても間に合わない。頼りになるのは近くにいる人だから、近所の人と仲よくしておきなさい」ということで、積極的な近所づきあいを奨励するものだ。しかし、最近の都市生活者には無縁のことわざになりつつある。

自分が窮地に陥ったとき、近くに助けてくれる友人がいる。これほど心強いことはない。しかしその一方で、他人と親密になるということは、プライバシーが損なわれるということも意味する。昔の人は、孤独感に苦しむより、多少のプライバシーを犠牲にし

ても周囲の人と手を取り合って生きるほうを選んだ。人間は一人では生きられないということをよく知っていたのだ。

ところが現代になって、大都市に流れ出た若者の多くは、近隣との接触を拒否している。たしかに日常生活の中で、他人の目が煩《わずら》わしいと感じるときが多々ある。しかし、隣人との触れ合いを放棄した理由は、これだけではないようだ。

「現代社会には、土臭い共同体意識はそぐわない」と考えているからかもしれない。自立性を重んじるあまり、他者に頼るのは恥ずかしい、という認識がどこかにあるようだ。

ほかの理由としては、科学技術の発展と経済的な豊かさが考えられる。高性能で便利な家電製品が各家庭に普及し、また、お金さえ出せばたいていのものが入手できるようになった。さらに、時間に関係なく買い物ができる二十四時間営業のコンビニエンスストアやレンタルビデオショップの登場によって、人々が助け合う必要がなくなったと考えるようになったことだ。

しかし、もっと大きな理由は「プライバシーの尊重」であろう。この錦の御旗《みはた》のもとに、都市生活者は「近隣との交流を必要以上に持たないほうが精神的に楽だ」という選択をして、煩わしいものを遠ざけたのではないか。

こうして現代人は助け合いの心を捨て去ったのだが、いま、その弊害があらわれてきている。現代の都市生活者のほとんどは、隣人が何をしているか知らない。その結果、私たちは他人の目を一切気にしなくなり、他者に対する興味を抱かなくなってしまった。

孤独感の奥には愛の欠如がある

隣人が何をしているかを知る。こういうと、いかにもプライバシーを侵しているような悪い印象を受けてしまうが、近隣との交流は隣人を監視することではない。同じ共同体の中で暮らす仲間として互いを知って、何かあれば助け合うことをいう。

たとえば、中学生がタバコを吸っていたとしよう。親が見ていなくても、近所の人が現場を発見したら注意してくれるであろう。そのかわり、その中学生の親も他の子が悪いことをしたら叱ってくれる。それぞれが足りないところ、目が届かないところを、近所の人同士で相互に補い合うわけだ。これが「助け合いの精神」である。

実際はどうだろう。中学生が制服を着たまま堂々とタバコを吸っていても誰も注意しない。学校では、同級生が恐喝されていても見て見ぬふりをしているという。

このように、プライバシーの尊重ばかりが重視されて他人との接触がなくなると、心の滋養《じよう》を得ることができなくなる。他人への興味が消えることはすなわち、やがては自分自身への関心もなくしていくことだ。他人の目は己を映す鏡であり、鏡がなければ自分自身を知ることはできない。自分を見失えば、あとに残るのはどうしようもない孤独感だけである。

いま、都市生活者で「自分は孤独だ」と思っている人がなんと多いことだろう。周りにはギブ・アンド・テイクのはっきりした渇いた人間関係しかないし、みなが自分の幸福を追求することで手一杯になっている。隣の人に足をすくわれるのではないかという漠然とした恐怖を心の底に感じながら、自分もうわべだけの笑顔をつくるしかない。でも、そんな寂しい自分に気づくのはもっと怖い。だから夜の街にくりだして、寂しさを紛らそうとしている。

しかし、どんなに遊びほうけたり、ほしい物すべてを手に入れても、心のどこかで冷たい隙間風を感じずにはおられない。人はけっして、物欲だけでは満たされないのだ。華やかな街の喧噪《けんそう》がもたらす心地よい酔いから覚めれば、一人の部屋にぽつんと座っている自分がいる。「誰も自分を必要としていないのではないか」。そういう寂寞《せきばく》とした思いが胸に忍び込んでくるのはそんなときで、こうして徐々に虚無感が心をおおっていく。

虚無感にとらわれた人は、「死んでしまえばあとはない。だったら今を楽しく生きなければソンだ」という刹那的《せつなてき》な考え方しかできなくなる。この考え方は現世での欲望の炎をあおるばかりか、自分さえよければそれでいいとする風潮を生み、そしていきすぎた個人主義の横溢《おういつ》が、さらに人々に孤独を感じさせる。

現代人の孤独感の底にあるのは、愛の欠如である。もしあったとしても、〝捧げる愛〟ではなく、愛されたいという〝受け身の愛〟ばかりだ。愛されることは願っていても、愛することを知らないので、常に人は孤独を感じているのである。

人はもともと孤独な生き物なのかもしれない。だからこそ、人を愛することによって孤独感を半分にし、お互いが救い合うことによって生かされていくのではないだろうか。しょせん、人間は一人では生きられない。弘法大師のいう「人はみな多くの人によって生かされている」(『教王経開題《きょうおうきょうかいだい》』)という言葉を思い出しながら、互いの連帯の絆《きずな》を深めて、もう一度「共生」の精神を考え直す必要があろう。

現代人が失ったものは、思いのほか大きなものかもしれない。いま、少年たちの醜悪きわまりない凶悪犯罪が多発している。子供は大人たちの世界そのままを映し出す鏡だ。そのことを充分に知っていただきたい。

信頼をはぐくむにはまず心のゆとりを

会社などで、何かにつけて相談をもちかけられる人がいる。仕事の悩みからプライベートな問題まで相談の内容はさまざまだが、その人がとくに仕事ができるというわけではないようだ。にもかかわらず、なぜか誰もが、その人から信頼や安心といったものを感じ取る。逆に、頭脳明晰で仕事も能率的で確実にこなしているのに、誰からも信頼を得られない人もいる。

両者は何が違うのだろう。それは心に〝ゆとり〟があるか、それともないか、の違いだといえる。

信頼を得られない人は、たいてい心に余裕がない。いつも精神的に追いつめられているので、物事を客観視することができなくなるとともに、相手にも自分と同じようなレベルを求めてしまう。たまたま相手が能力不足だったりすると、相手を厳しく責めたてたり、辛辣《しんらつ》な言葉を吐いて突き放すのがこのタイプだ。これでは、周りの人たちからの信頼を築きあげることはできない。

信頼を受ける人はその逆である。いつも心にゆとりがあるので、表情が穏やかだ。だから相手の気持ちをしっかりと受け止め、きちんと理解して、その人の能力についても冷静な判断を下せる。些細なことで目くじらを立てることもないし、相手の失敗を許すこともできる。

このように精神状態が安定している人は、自らの失敗や苦い経験を絶えず心に刻み込んでいるので、それを日々の生活の中で常に役立てようとしている。つまり、自らの痛みを通じて他人を見ることのできる人だといえよう。実は、私や弟子たちが寺で毎日厳しい「行」をしているのも、「行」を通じて人生の苦しさを自分たちの体全体に刻みつけるためなのである。

心のゆとりは、けっして安逸《あんいつ》な生活からは生まれない。苦しみから逃げるのではなく、それを受け容《い》れて、自らを磨く滋養にできる人こそ、他人の苦しみや痛みを受け容れる余裕を持てる。仕事ができる、できないではなく、心にゆとりがあるかどうかで、人としての信頼度が決まるといっても過言ではない。

中国の『管子《かんし》』という古典の中から一つ名言を紹介しよう。

「倉廩《そうりん》実《み》ちて則《すなわ》ち礼節を知り、衣食足りて則ち栄辱《えいじょく》を知る」。これは「人は、生活が安定してはじめて礼儀と節度の重要さを考え、衣服と食事が充分にあってはじめて人間としての尊厳を意識するようになるのだ」という教えである。

精神的に追いつめられている人は、道徳や倫理を気にしなくなる。自分自身のことで手一杯で、なりふりかまっていられない。こういう人は心に余裕がないから何に対しても攻撃的で懐疑的になり、ひがみっぽくなってしまう。だから周囲の人からも好かれないし、信用も得られない。

私たちは何か自分に不都合な問題に遭遇すると、とかく他人のせいにしがちである。仕事がうまくいかなかったのは、上司の指示が不適切だったからだ。あるいは自分の指示を部下がきちんと実行しなかったからだ。ましてや、自分がいつまでたっても豊かになれないのは、社会のせいだ、政治が悪いからだ……。そんなふうに考えてはいないだろうか。

そう考えさえすれば、自分は守れるかもしれない。しかし、他に責任を転嫁したり、問題から逃げることで自分だけを守ろうとする人は、結局は周りから信用されなくなる。そうなってしまうのも、やはりその人の心にゆとりがないからである。

いまの世の中に決定的に欠けているのは、「分かち合いの心」である。自分が持っているものを見ず知らずの人に分かち合う心——これが現在の日本人に必要とされている。

現在の日本人は、自分がいま持っているもの、物質や財産にあまりに執着しすぎていて、ものに執着していると、「奪われるかもしれない」という猜疑心や、「せっかく手に入れたものを手放したくない」という狭量な「我欲《がよく》」が、どうしても生まれてしまう。真に自分の所有物など何ひとつない。来世には何ひとつ持っていけない。すべては仏さまからの一時的な借りものなのだ。

人にものを分かつということは、相手を信じてはじめてできる行為である。私たちは他人をどれほど信じているだろうか。家族や友人さえも信じられず、何でも自分一人で抱え込もうとしていないか。あげくは、自分さえも信じられなくなってくる。それが他人を信用できないことの裏返しであることにも気づかない。私たちは無意識のうちに、こういう状態に陥っているのである。

母親は子供を信じることができず、あれこれと口を出す。子供は親や大人を信じられずに育ち、いじめられても相談しようともしない。妻は夫を信じることができず、いつも根拠のない不安をおぼえて過ごしている。夫は妻を信じられずに仕事の悩みを一人で抱えて、過労死に向かって心労を重ねていく。

他人を信じられない世の中、心にゆとりのない世の中は、まさにこのような悪循環の中に落ちていくのである。

信じることはゆだねること、他人に自分の身を任せることだ。これを私は「宇宙のリズムに合わせる」と表現している。

音楽に合わせて踊るとき、頭で考えていたのではリズムがくるってしまう。ひたすらリズムに合わせていると、いつしか何も考えずに音楽と身体が一つになっているのがわかる。素直に信じるということは、自分のリズムを宇宙のリズムに合わせることだ。おかしいな、何か変だと直感したときは、「大丈夫さ」などと無理に自分に言い聞かせたりせず、〝リズムのくるい〟をすばやく謙虚に受け止めなければならない。

自動車を運転している情景を思い浮かべてもらおう。無心で運転しているときはハンドルさばきも軽く、まるで自動車や道路と一体になったような気持ちで、流れるように運転できるものだ。リズムのくるいとは、流れるような運転に変調をきたしたと感じることだ。どうも道が違うようだ。エンジンの音が気になる……。そう思いながら走り続けてしまったら、とんでもない場所に行ってしまう。エンジンの不調をそのままにして走っては、大事故につながるかもしれない。

人に「おかしい」と直感させるのは、み仏の囁《ささや》きにほかならない。そんなときは、

「運転には自信がある」などと自分を過信せず、み仏が危険を事前に教えてくださっているのだ、と感謝の気持ちで運転していただきたい。運転にたとえてみたが、これはすべてのことに通じる真理である。変調を察知する素直な気持ちが、み仏の囁きがインスピレーションとなってあなたを危機や事故から守るのだ。

しかし、み仏にすがるだけで、すべての安全が保障されるわけではない。み仏の教えに対する素直な気持ちが、安全な人生への導きを感受するのだ。「まさかのとき」ではなく、毎日仏壇に手を合わせて祈る敬虔《けいけん》な気持ちが、宇宙のリズムを素直に感じとれる感性を養う。

弘法大師は『般若心経秘鍵』で、次のように解説なさった。

「行をしていると、心にこだわりがなくなって自由に思索ができるようになり、行動も軽やかになる。不平不満を感じることもなく、誰とでも気持ちよくつき合えるようになって、小さなことにもおもしろさや楽しさを見つけられるようになるのだ」と。

小さなことにも喜びを見いだし、ものごとにこだわらない心になれば、人はそんな自分が好もしく思えてくる。自分自身を好きになれば、そこに他人を受け容れる余裕が生まれる。人は自分をあるがままに受け容れてくれる人に信頼を寄せるものだ。そして、そのような人は「他人から信頼される自分」を信じることができるようになる。

み仏の教えに感応する素直な心を日々磨き続けること、それが知らず知らずのうちに、「他人を信じ、他人からも信じられる」あなたをかたちづくっていくのである。

自分を仏への敬虔な心の持ち主に変えていくことが、いつのまにか自分に対する周囲の人たちの気持ちも変えていく。あなたが変わり、周りの人たちが変わることによって、互いに分かち合おうとする信頼の絆《きずな》が形成されて、それまでうまくいかなかったことが順調に進みはじめる。かなわなかった願いがかなうのも、自分の心がきれいで温かくなったからなのだ。

欲望と嫉妬をいかに抑え、周囲の人と幸せを分かち合うか

「他人の不幸は蜜の味」という恐ろしい言葉があるが、あなたは他人の幸福をねたんだことはないだろうか。「ない」といわれる方は、ちょっと思い出していただきたい。

たとえば子供の同級生が大学に合格したのに、自分の息子は浪人してしまった。そんなとき「同級生も失敗していればよいのに」と思う心は、立派な「ねたみ」の感情である。また、「ウチの子が合格していれば、相手の子も祝ってあげられたのに」と思う心

も、実は「ねたみ」の変形だといえる。

「ねたみ」「そねみ」は人の世の常だが、これほど自分をみじめにするものはない。自分ができなかったことを同世代や下の年代の人がしている。そう思ったとき、この感情がおもてに出てくる。これは「羨望《せんぼう》」のあらわれであると同時に、ある種の「敗北感」の裏返しともいえよう。

なぜ人は嫉妬《しっと》をおぼえるのか。その原因は自分の弱さにある。

人間は欲望の虜《とりこ》になったり、目先の利益や安楽につられてしまう存在である。そんな自分自身の弱さから、もう一歩の頑張りや、わずかな忍耐も不可能だと思い込んでしまう。そして意志を貫けなかった自分に失望し、それを達成した他人を羨《うらや》ましく思うようになるのだ。

人は「小さな我欲」にとらわれがちである。「自分だけ偉くなりたい」「私さえ裕福になればいい」。こうした我欲にとらわれて、いつまでも抜け出せないでいると、相手を羨ましく思ってしまうだけの人間になってしまう。そして嫉妬せずにはいられなくなり、その嫉妬心によって相手を故《ゆえ》なく批判してしまう。

このような抑えがたい欲望や嫉妬に支配されると、人の信頼や尊敬を受けることはできない。しかも、み仏から授かっている能力（この世で与えられた自分の役割を達成するための力）すら見殺しにする結果になる。

欲望の赴《おもむ》くままに行動していると、本来自分の中にある仏性《ぶっしょう》が隠れてしまい、表にあらわれなくなることは先に触れたとおりだ。それどころか、自分の欲望が他人のそれとぶつかりあって、醜い争いに発展することにもなるだろう。

では、欲望にとりつかれそうになったとき、どうすればよいのだろうか。

実は、解決策はそれほど難しいことではない。自分の周りに困っている人や悩んでいる人がいたら、手をさしのべてあげればよいのだ。

大きく深呼吸をして、自分の周囲を見渡していただきたい。あなたの助けを必要としている人がきっといるに違いない。その人に、自分の中のみ仏の心を感応させればよいのだ。他人のためになること、他人が喜ぶことをすれば、その功徳《くどく》はかならず何らかの形で自分のところに返ってくる。逆に自分の幸せしか考えずに、他人をかえりみないような行動をとった人は、いっときは成功したように見えたとしても、因果がめぐって見るも無惨な結果を招くことになるであろう。

他人のためにするといっても、すべてをなげうって相手の身代わりになれというのではない。自分のできる範囲で充分であり、相手が喜ぶ姿を見て自分もうれしいと感じられるようになったとき、その人の生命に宿っている仏性に感応して、み仏の「智慧」と「慈悲」を受けられるようになるのである。

ともに生きている生命の温もりを周囲の人と分かち合う――それが「共生の精神」であり、その温もりこそ真実の「愛」と呼ぶのだ。私はそう思っている。

第四章　人を愛する方法を知る

お金を儲けたあとに何をすべきか

日本人が忘れている心、それは「お布施《ふせ》」の精神である。

「お布施」という言葉には、信者に寄付を強要するというイメージがつきまとうようだ。営利目的で活動していた新興宗教が「お布施」という名目で信者から財産を巻きあげたからだろうか。そのため「お布施をしなさい」というと、「自分の持っている財産を提供しろとでもいうのか。それでは、どこぞの新興宗教や狂信者集団と同じではないか」と思う方が多いのだと思う。

これとは別に、「布施」という言葉に抵抗感を感じるのは、私たちの心のどこかに「お金で何でもできる」という不遜な考え方、逆から見れば、お金を不浄とみなす観念があるからだ。しかし、密教でいう「お布施」とは、お寺に金品を寄進することだけではない。ほかの人に物質的にも精神的にも喜んでもらえるように努力すること。それが本当の「お布施」なのだ。どんなにささやかなことでもかまわない。誠心誠意、心を尽くすことが大事なのである。

とはいえ、私は営利や蓄財が悪いといっているのではない。お金は生きていくうえで必要なものだし、あるに越したことはないだろう。商売をしている方は、大いに商道に励めばよい。そして、どんどん儲けていただきたい。しかし、儲けた利益を独り占めしてはいけない。ほかの人に施すようにしなければならないのだ。

ある洋酒メーカーの創業者の話をご紹介しよう。

この方は、とにかく神さまとか仏さまと名のつくものに対しては、無条件に敬意を払うほど信仰が篤《あつ》く、「陰徳《いんとく》あれば陽報《ようほう》あり（陰で善行をする人にはかならず報いがあらわれる）」ということをモットーにしていた。その創業者は子供のころ、よく母親に連れられて近くの神社にお参りに行くことが多かったそうだ。貧しい時代だったこともあって、神社の参道は、慈悲深い参拝客をあてこんだ浮浪者であふれかえっていた。そんな浮浪者に、彼の母親は嫌な顔ひとつせず、手を出されるたびに小銭を与えていたそうだ。小銭を受け取った浮浪者たちは「おありがとうございい」と大声をはりあげ、おおげさな身ぶりで何度もおじぎをした。

まだ幼かった彼は、その姿を興味深く眺めていたという。そんな彼を、母親は「じろじろ見るものではありません」と叱り、名残惜《なごり》しそうな彼の手をひいて先を急がせた。

後年、その創業者はおりに触れて、周囲の人にこの話を語り聞かせたそうだ。

「私が陰徳をモットーにしているのは、母の教えによるところが大きい。金のある者がない者に施しをするのは当たり前だ。いばる必要もないし、黙ってやればいい。そんな当たり前の行為に見返りを求めるなんてもってのほかだ。人間、どんなときでも慈悲の心を忘れてはいけない」と。

終戦後間もないころ、彼は巷《ちまた》にあふれている浮浪者を見て、社員にこう命じたそうだ。

「あの人たちに、せめて粥《かゆ》の一椀でもふるまってやれ。とりあえず、駅周辺の人たちだけでもなんとかならんか」

当時は浮浪者どころか、まともな職についている人ですら三度の食事に事欠くありさまだった。「浮浪者に恵むくらいなら、そのお金を会社のために有益につかったほうがいい」。そういって社の幹部たちは一斉に反対した。

それを聞いた創業者は大声で怒鳴りかえした。

「おまえらは、そんなことをいっているから何もできないのだ。日本中が困っていることくらい百も承知だ。だからといって、誰も何もしなかったらどうなるか。一人でも二人でもに粥をあげる余力があるなら、それを実行するのが人の道ではないか」

こうして、創業者は炊き出しを開始したそうだ。

その後、この会社は大きく成長し、いまや押しも押されぬ大メーカーとなっている。この企業が厳しい生存競争に打ち勝って大きく成長した理由は、やはり創業者の「お布施」の心を第一に挙げるべきだろう。

この創業者のように、お金を儲けても独占しないで、その恩恵や利潤を周囲の人に分配することが、他人と幸せを分かち合う「布施」の心なのだ。そのように幸せを分かち合うことが、仏性を備えた私たち人間の本来のあり方なのである。

お布施とは金品ではなく、心のゆとりの産物

「布施」の元々の意味は「人々に広く与える」というものだが、人に物品を分け与えることだけが「お布施」ではない。

「布」とは、み仏の慈悲があまねく人々にいきわたるという意味で、「愛情」や「やさしさ」、「いたわり」などの精神面の施しを意味する。一方の「施」は、他人に食べ物とかお金などの有形の何かをあげるという意味で、物質面での施しということになる。「お布施」は大きく分けて「財施《ざいせ》」「法施《ほっせ》」「無畏施《むいせ》」の三つに分類できる。

「財施」は文字どおり、金銭とか品物といった物質を他人に施すことだ。先に挙げた洋酒メーカーの創業者がおこなったお布施はこれにあたる。

財産を施すといっても、家には財産らしきものはないし、一円のお金すらない。こちらが欲しいくらいだ、といわれる方もいるだろう。たとえば、ある店では千円するものをこちらでは九百円で買えるとしよう。そのことを隣の奥さんに教えてあげるという、得をする情報の提供なども「財施」の一つだ。寄付するお金はないが、寄付できる人を紹介する。これも「財施」となる。

お金がないから店にも行かないし、寄付金を出せる金持ちも知らない。そういう方でも次の「法施」ならできるかもしれない。「法施」とは他人にものを教えたり、仏法《ぶっぽう》を説いて苦を取り除き、楽をさせてあげること。つまり、精神的な教化のことだ。

たとえば、目の不自由な人が道を歩いている。そちらにはぬかるみがありますよ、こちらのほうが近道ですよ、と教えること。また、法律を知っている弁護士が簡単な法律知識で人を助ける。教師が勉強の遅れている生徒の補習をしてあげる。これらも「法施」である。

知識もないから「法施」もできない、という方はどうすればよいか。たとえば、職場で率先してにこやかな笑顔をふりまき、雰囲気を明るくしてほかの人たちが愉快に楽しく働ける環境をつくる。これもまた、立派な「法施」である。

財産もなければ、笑顔をつくるのも苦手という人でも「無畏施」ならできるだろう。「無畏施」とは、自分の労力で他人の苦労を軽減することだ。

家の近くの道路に穴があいていたとしよう。雨が降ると水たまりができるので、クルマが通るたびに泥しぶきが飛んで困る。足をとられて転ぶ人が出るかもしれない。暇をみてスコップで土を盛り、その穴を埋める。これが「無畏施」である。ほかにも、倒れている看板を起こす、道端に落ちているゴミを拾う……等々。「無畏施」はこのように、誰でも簡単にできる「お布施」である。

人の役に立つために金品を喜捨《きしゃ》し、知恵を出して労力を提供する。自らの満足と幸せだけに向かおうとする欲望を捨てて、日々それらの中で自分ができることを実践する。

それが「お布施」の基本であり、一種の「行」ともいえる。つまり、我欲と執着から自分を解き放つひとつの手段が「お布施」なのである。だから「お布施の心」を忘れると人間として間違った行動をしたり、社会全体を斟酌《しんしゃく》せずに自分のことだけを考えるエゴイストになってしまう。

苦しみから救われた、助けられたと思ったら、つまり、自分の心に少しでもゆとりができたなら、次は「お布施の心」を持つべきだろう。与えられたから与え返すということではない。与える、分かち合うことによってこそ、人はみ仏を介して多くの人々とよい関係を取り結ぶことができるのだ。そこにおいて、人は「自分がけっして孤独な存在ではない」「自分は求められ、誰かの役に立っている」と感じられる。それが本当の心の満足なのである。

お釈迦さまの教えに「六波羅密《ろっぱらみつ》」というものがある。僧侶が解脱《げだつ》を目指しておこなうべき六つの「行」を表現したものだが、その第一番目が「布施」である。また、菩薩《ぼさつ》が衆生《しゅじょう》を導くために挙げた「四摂事《ししょうじ》」（四つの徳目）の第一番目もやはり「布施」になっている。

「他人を慈《いつく》しみ、相手を尊重する」という、お布施の心こそ、私たち人間が生まれながらに持っている仏の心だといえる。殺伐《さつばつ》とした世の中に潤いを与えて、他人にも自分にも限りない恵みをもたらす「お布施」ほど、人間が生きていくうえで大切なものはない。

「嘘も方便」、密教ではウソが認められている

「嘘《うそ》も方便」という言葉がある。仏教では相手のためを思っての嘘は否定しない。仏教の逸話の中にこういう話がある。

子育ての神様に鬼子母神《きしぼじん》と呼ばれる方がおられる。鬼子母神は最初、邪悪な神だった。千人もの子供を得たのだが、自分の子供を育てるために、日夜、王舎《おうしゃ》という街の子供を誘拐しては、わが子に与えて食べさせていたのだ。街は母親の悲しむ声でいっぱいになった。ある人がお釈迦《しゃか》様にこのありさまを告げたところ、お釈迦様は戒めのために鬼子母神の末子を隠してしまった。

鬼子母神は半狂乱になってわが子を探した。千人の子だくさんであっても、ただの一人ですら狂乱するほど、子供を奪われることは悲しいことだ。ましてや数少ない子供を食べられた母親の悲しさは、実際に体験してみないとわかるものではない。お釈迦様は、鬼子母神にそれを諭《さと》すために末子を奪ったのだ。

わが子を奪われるという悲しみを体験した鬼子母神は、改心して仏門に帰依《きえ》し、やがて「安産」「子育て」の善神となった。

これが「嘘も方便」である。「方便」とはいわゆる虚言だけではなく、真実の法になじんでもらうため、つまり目的に到達してもらうための便宜上の手段も含んでいる。もちろん、嘘をつくこと自体はほめられたものであるはずがない。しかし、本当に相手のためを思っての嘘やつくりごとであれば、その限りではないということである。

お釈迦様の説かれたお経に『大無量寿経《だいむりょうじゅきょう》』というものがあり、その中に「善語《ぜんご》を修習せよ。自ら利し、人を利し、人と我とを兼ね利すればなり」という言葉がある。これは「相手の気持ちを和《やわ》らげ、やさしく朗らかにする言葉をかけてあげなさい。そうすれば相手も喜ぶ。相手が喜べば、いずれ自分にも喜びが返ってくるものだ」という意味だ。

相手を喜ばせる、楽しませるためにやさしい言葉をかける。これを「愛語《あいご》」という。しかし、「愛語」と「お世辞」を混同してはならない。心にもないことを口先だけで上手に言って相手をその気にさせ、後ろを振り返って舌をペロリと出す。これが「お世辞」である。

中国の聖人・孔子も『論語《ろんご》』の中で「巧言令色《こうげんれいしょく》、鮮《すくな》し仁」と喝破している。口先でうまいことを言っているやからに限って、本当は真心のない者だという意味だ。「お世辞」というものは、自分本位から出る言葉である。こういうことを言っておけば相手は喜ぶに違いない。喜ばせておけば自分の利益になる方向に話が進むと期待できるし、喜んでいるうちは自分が責められることはない、と自分の都合のいいように口先でごまかすことをいう。

「お布施」と「愛語」の精神は対《つい》をなしている、と考えていただきたい。つまり「愛語」とは、〝言葉のお布施〟と言い換えることができる。他人を慈しみ、尊重している心があるからこそ、思いやりのあるやさしい言葉が出てくるのだ。お世辞には、この慈しみと尊重の心がともなわない。

前述した、先生に見放された生徒のエピソードは、「お布施」と「愛語」の精神が人を救った好例である。見放された生徒に先生はやさしい言葉をかけることで、不幸から救った。そのことを先生は「私のほうが貴重な体験と深い心の満足を得られました。だからその後、どんなに困った生徒が出てきても慌てることなく対処できたのです。彼には感謝しています」とおっしゃっていた。つまり「お布施」と「愛語」によって、先生と生徒の両者が同時に救われたのである。

大事なことは、「お布施」と「愛語」を受けて、新たな可能性を見いだした生徒がいまだに感謝の心を忘れておらず、先生もまた彼に感謝しているということだ。こうした感謝の気持ちから新たな「お布施」と「愛語」の精神が生まれ、それがみ仏の慈悲を感得することにもつながっていく。

素直な「ありがとう」の言葉が、人生を豊かなものにしていく最初のきっかけなのである。

「愛」とは見返りを求めない無償の営為

「父子の親親《しんしん》たる、親の親たることを知らず。夫婦の相愛したる、愛の愛たることを覚《さと》らず。流水相続き、飛啖《ひえん》相助く。徒《いたずら》に妄想の縄に縛られて、空しく無明《むみょう》の酒に酔へり。既に夢中に遭へるが如し。遭《めぐ》りて逆旅《げきりょ》に逢うに似たり」

弘法大師は『十住心論《じゅうじゅうしんろん》』の中で、「愛」についてこのように説かれている。

「親子が親密であること。夫婦が愛し合うこと。それは本当の愛情なのかどうか。これらは水が絶えず流れ、火が絶え間なく炎をあげているようなものだ。愛とは不動のものではなく、いたずらに妄想に縛られて闇の中で酒に酔っているようなものにすぎない。夢の中で人に逢うようなものであり、旅の宿で出会う人と似たようなものだ」

子が親を思い、親が子を思う。恋人や友を愛する心が人間として尊いものではないのか、と誰もが思う。しかし、この気持ちが「因果《いんが》（すべてのことには原因と結果がある）」になることもあるのだ。鬼子母神のように自分の子供を可愛いがるあまり、ほかの子を軽んずることもあり得るだろう。肉親への愛に迷い、苦しみ、身をさいなんでしまう。それが執着《しゅうじゃく》という名の「因」であり、それによって子供がねたまれる。これが「果」というわけである。

それなら、愛することはいけないのだろうか。そうではない。生命はすべて愛からはじまる。男女の愛や親子の愛がなければ、私たちは生まれたり、育つことはできない。

愛は忍ぶことである。怒らないことである。
愛は許すことである。とがめないことである。
愛は容《い》れることである。閉ざさないことである。
愛は信である。偽らないことである。

愛は平和の心である。争わないことである。

愛は望みである。愛は失望しない。

愛は力である。愛は動じない。


これは高野山《こうやさん》の先達《せんだつ》である故・神代峻道《こうじろとしみち》先生の言葉だ。神代先生は高野山大学の教授で、その学問と人格に多くの人たちが傾倒した方である。神代先生が愛について書かれた言葉は、実は悟りにいたる教えだった。難しい仏教用語ではなく、誰にでもわかる言葉で「愛」について教えてくださったのだ。


「愛は忍ぶことである。怒らないことである」

これは忍辱《にんにく》（苦しみを堪え忍ぶこと）の教えである。つまり、不平不満をいわず、じっと我慢することだ。

しかし、自分の中に発した怒りを他人にぶつけずに、自分の身のうちだけで鎮《しず》めようとすれば、まるで体中を焼かれるような苦しさをおぼえることとだろう。それでもあとで冷静になって考えると、「ああ、あんなことで怒るのではなかった」と反省してしまう。

自分の感情、ことに自分の怒りをコントロールするのは本当に難しいことだ。

では、どうして人間は「怒り」という感情を持っているのだろうか。私は、怒りという感情にもまた、み仏の心があると思っている。その爆発的なエネルギーは、自分だけのことにつかうべきではなく、人々のために有効につかわねばならない。

インド独立の父といわれたガンジーは、怒りを暴力として表現することに徹底的に反対し、粘り強く非暴力・不服従の抵抗運動を展開した。祖国インドを植民地にした英国への怒りがあったからこそ彼は立ち上がったのであり、全国民に独立運動を呼びかけたのだ。ガンジーが激しい怒りをおぼえたベースには、祖国に対する強い愛情があった。怒り以上の大きな愛をガンジーが持っていたからこそ、怒りを怒りとしないで堪え忍ぶことができたのだ。暴力や憎しみで「怒り」を表現したのでは、新たな暴力と憎しみを生み出すだけである。これでは怒りの源を絶つことはできまい。

怒りの感情に負けずに、それを克己《こっき》する強靱《きょうじん》な精神を通じてこそ、自分の怒りの対象に立ち向かう勇気と前へ進む力が生まれてくるのである。

「愛は許すことである。とがめないことである」

許すとは、自分の内にある「愛」を見つけることだ。

たとえば、相手が明らかに間違っているけれども主張を曲げないとき、相手の間違いを正すにはどうすればいいだろうか。

まず相手を許すという、大きな心を持つことである。他人の間違いを正すのは本当に難しい。相手のためを思って諭しても真意が伝わらない場合もあるし、逆に怒りを買うことだって考えられる。

「許してばかりいたら、間違った人はいつまでも正しくならないのではないか」。そう考える人は多いだろう。

そうではない。私たち一人ひとりに備わっている仏性《ぶっしょう》こそが、過ちを正してくれる唯一の力なのだ。相手の仏性を信じて、自分の仏性に沿った行動をすることが「愛」といえる。「愛」のないところに、相手を信じる心は生まれない。自分に「愛」があり、わずかでも相手に「愛」のきざしがあれば、正しい道に導くことができる。

「愛とは許すこと」。それが生命の源である大日如来の大いなる慈悲を、いつも感受し続けることにほかならない。それを相手にも施し、みんなで分かち合おうということなのである。

「愛は容れることである。閉ざさないことである」

相手を受け容れること、拒絶しないことが「愛」であることは誰もが知っている。

「愛」は想像力である。どんな形をしていても、その形から心の温かさやいたわりを感じ合うこと。思いやりは想像の力なくしては生まれない。

「愛は信である。偽らないことである」

「愛は平和の心である。争わないことである」

「愛は望みである。愛は失望しない」

「愛は力である。愛は動じない」

これらすべての言葉は、愛とは生命の表現であることを私たちに教えてくれている。

弘法大師は「思って止まらず、愛して溺れず」とおっしゃっている。自分が相手に抱いている「愛」の感情が、はたして執着なのか、それとも生命の讃歌なのか。その判別は本当に難しいが、これを私たちは見きわめる必要がある。

いずれにせよ、「愛」が尊いことにかわりはない。なぜなら「愛」には打算がないからである。見返りを何ら期待しない無償の営為だからこそ、「愛」は尊いのである。

第五章

誰でも「幸運の持ち主」になれる

加害者を非難するだけでは「いじめ」は消えない

テレビ、新聞、雑誌などの各マス・メディアが「いじめ」問題を取り上げるようになって、ずいぶんと月日が経つ。だが「いじめ」は一向になくなる気配を見せない。それどころか、ますます増えているようにさえ感じられる。新聞やテレビで報道されている「いじめ」問題は氷山のほんの一角で、その病根はきわめて広い範囲に及んでいるのだそうだ。

人が人をいじめる。なぜ、このような悲しむべきことが起きるのだろうか。

大人の世界、とくにサラリーマン社会に「いじめ」があるから、子供たちの世界にも「いじめ」が起こる。その源には〝利己的な思考〟があると私は思っている。「他人の事情など知ったことではない」という独善的な考え方が、すべての元凶になっているのだ。〝利己的な思考〟は、なにも加害者に限ったことではない。実は被害者のほうにも自己中心的な考え方がある。

私の最福寺《さいふくじ》にも、「いじめ」問題で悩んでいる方が連日のように訪ねていらっしゃる。こういった方々は、まず学校や「いじめ相談所」に助けを求めるそうだ。しかし、どこに行っても「決定的な証拠がないのでどうしようもありません」とむげに断られたり、「前向きに善処します」という曖昧な答えのまま放置されたりして、具体的な解決策を見いだせずにいた。結局、人づてに最福寺のうわさを聞いて、藁《わら》をもつかむ思いで私のところに相談に来られる。

こうした方の悩みを聞いていて、つくづく感じることがある。それは先にもいったように、「いじめ」の被害者のほうにも、自己中心的な思考があるということだ。

私の寺に相談に来た方の大半は、「学校がいかん」「教師が悪い」と人の責任ばかり追及している。中には責任は学校や教師ではなく、「現代社会の荒廃が原因だ」とか「戦後教育のシステムが悪い」と、問題を飛躍させる人もいる始末だ。学校や教師、友だち、さらには社会に対して自分の要求を主張するばかりで、「自分がほかの人のために何かをする」という発想が根本的に欠落しているといわざるを得ない。

「自分たちはいわれのない迫害を受けている被害者なのだ」。こういう被害者意識だけを持っている限り、「いじめ」はけっしてなくならないだろう。

もちろん、被害者だけに責任があるといっているのではない。加害者のほうに、もっと重い責任がある。加害者の大半は自分の快楽や利益のため、つまり〝利己的な思考〟によって他人をいじめているからだ。彼らは、自分の中にある孤独感や疎外感を解消するためだけに他人をいじめている。

先にも触れたように、現代人の多くは〝孤独〟を感じている。大勢の仲間に囲まれていても自分たちが連帯していることを実感できず、いつまでも仲間意識を持てないままでいる。こういった孤独感はやがて「自分の知らないところで、自分だけ仲間外れにされているのではないか」という疎外感に変わる。

この疎外感を解消するには、たとえ擬似的なものであっても〝仲間としての連帯感〟を高める以外にはない。それを得るには、仲間と一緒になって何か同じことをするのがもっとも手っ取り早い方法となる。

だから、みんなで特定の個人をいじめるのだ。誰かを標的にして、あるいは共通の敵に仕立てあげ、みんなで攻撃する。連帯感を得るのにこれほど安直な方法はない。相手をおとしめることで優越感にもひたれるからなおさらだ。自分が抱えている不安やさびしさに耐えられない人、つまり心の弱い人にとって、「いじめ」とは一種の自己防衛手段といえよう。

自分が生きていくために、他人を犠牲にする。仏教では、こういった自己中心的な考え方を厳しく戒めている。「我欲《がよく》」に執着《しゅうじゃく》する心を抑えて、できるだけ「利他《りた》(他人のために行動すること)」を実践するのが人間らしい生き方だということを、常に仏教は教え続けている。

「利他」を実践するには、まず自分が他人に役立っているという実感、あるいは他人の力になる喜びを知ることが必要になる。だから最福寺で問題児をあずかった場合は、まず毎朝、境内《けいだい》の掃除をさせるようにしている。最初の一、二週間は不承不承、ほうきを持っている彼らだが、しばらく続けているうちに変化が出てくる。表情や態度から不満が消えて、やがて自ら進んでほうきを手に取るようになるのだ。

「自分にはやるべきことがある」「自分は誰かに必要とされている」「自分がきれいに掃除をすると、他人がほめてくれるし、喜んでくれる」。彼らは境内の掃除を通して「奉仕する喜びと充実感」を体感するのだ。

問題を抱えた子に掃除をさせる目的は、人のために何かをして、充実感と喜びを知ってもらうためだ。「人の役に立っている」という実感は「利他」の精神を培うと同時に、孤独感や疎外感も解消してくれる。こういった「善行」を積むことで性格が明るくなり、日々の生活に生き甲斐を感じられるようになる。

日ごろから「善行」を積んでいれば、自然と「慈悲」の心が芽生えてくる。「慈悲」とは相手を慈《いつく》しみ、悲しみを自分の身に置き換えて感じることだ。「いじめ」の加害者にも、また被害者にも相手を慈しむ心があれば、「いじめ」はなくなるであろう。

もちろん「慈悲」の心は、「いじめ」の当事者でない人にも必要である。「慈悲」の心を強く持てば、「いじめ」を傍観するなどあり得ない。もし、友だちがいじめられていたら、かばってあげる。弱い子を一人がかばえば、二人、三人とかばう仲間は増えてくるものだ。

最初に足を踏み出す勇気を誰かが持つこと。これが「慈悲」の心であり、「いじめ」問題を解決する唯一の手段である。

他人の利益がすなわち自分の利益という真理

「せっかく善意でやったのに、相手に伝わらない。それどころか迷惑がられて、余計な悪念を抱かれる結果になってしまった。いっそのこと善行なんてやめればよかった」。自分の善意が相手に伝わらないとき、そう思うことがあるかもしれない。

あるお坊さんが僧衣を着て電車に乗ったとしよう。

その日、彼は大変疲れていた。まさに疲労困憊《こんぱい》して、立っているのさえ苦痛に感じるほどだった。座席に座りたかったのだが、ちょうど帰宅ラッシュの時間にぶつかったためまったく空席がない。長いあいだ辛抱して立ち続けていたが、ようやく目の前に空席が生まれた。

「ようやく座れる」と腰をおろして、ほっとひと息ついた。ところがその直後、杖をついた老婦人が乗車してきた。空席はない。優先座席もいっぱいである。老婦人はほかの乗客を押しのけるようにして彼の前に立ち、大きな溜息をついた。腰が曲がっているせいか、立っているのもつらそうである。

これが背広姿だったら、たぬき寝入りで気づかないふりをすることもできよう。しかし、なまじ僧衣を着ているとそうもいかない。それどころか「あいつは坊主のくせに、おばあさんに席を譲ろうともしない。まったくなんてヤツだ」。周囲を見まわすと、人々の視線がそう非難しているように思えてきた。

いろいろ考えた末、お坊さんは、つらいのを我慢して席を譲った。老婦人がひと言でもお礼をいってくれると、疲れていても気持ちが救われるものだ。けれども老婦人は、当然のような顔で席に座ったのだった。

お坊さんの心中は穏やかではない。「疲れているのを我慢して、せっかく席を譲ってやったのに」と、心の中に毒念《どくねん》が生まれてきた。席を譲るというささやかな善行でも、このような毒念を発生させてしまうことは充分にあり得るのである。

人間というものは悪意を受け取ると、倍にして返したくなるものである。

このお坊さんは悪意を抑え込んだが、仮に悪意を倍返しにしたとしよう。しかし老婦人は席を譲ってくれるのが当然だと思っているので、むしろお坊さんの怒りを理不尽だと感じるであろう。そうなると、老婦人も受けた悪意を倍返しにする。こうして悪意はどんどん膨らんでやがて憎悪《ぞうお》となり、争いを生むかもしれない。

なぜ、こういったことが起きてしまうのか。

それは、お坊さんの心のどこかに傲慢《ごうまん》さがあったからである。「私はあなたに善行を施してやっているのだ」という不遜《ふそん》な思い込みが、「感謝するのが当たり前だ」という身勝手な期待を生んだといえる。「施してやっている」と思っているから、自分の「善意」に対して何らかの代償を求めるのだ。

この場合の代償とは、金品だけではない。感謝や敬意といった精神的な返礼も含まれる。見返りを求めるという心は、貪欲《どんよく》さのあらわれだ。その根底には自分の「欲望」を満たしたいという気持ちがあるから、それを相手に見すかされて善意が伝わらなくなる。無意識のうちに見返りを要求している傲慢な心は、どんな人間にも存在している。この高飛車で欲深な自分を、私たちは自らの手でコントロールしなければならない。

とはいえ、仏教は人の心の中に存在する「欲望」を完全に否定しているわけではない。お釈迦様は、人間の苦しみの原因は、すべてが煩悩《ぼんのう》にあるとおっしゃっている。煩悩とは人間の心身を煩わせ、悩ませる精神作用の総称である。端的にいえば、「よこしまな欲望」ということになるだろうか。

しかし人間は生身の存在だから、欲望なしに生きていくことはできない。食欲、性欲、睡眠などの本能的、生理的な欲求は誰にでもあるものだし、逆に「人の役に立ちたい」

とか「他人を喜ばせたい」という気持ちも「欲望」のひとつだ。人間には欲望があったからこそ、ここまで進歩してきた。鳥のように空を飛びたい、馬のように速く走りたいという欲求があったからこそ、飛行機や自動車、電車を生み出したのだ。

お釈迦様がいわんとしたことは、自分のためになり、それが他人や社会のためになる欲望、つまり「自利利他《じりりた》」の欲は大いに伸ばし、自分のためだけの「利己的」な欲望は抑えよ、ということである。

「自利利他」とは「自分の利益になることが他人の利益につながる」という意味だ。私は「他人に利益を与えることが自分の利益につながるのだ」と解釈しているが、要は「自分が相手にしてほしいことをすれば、いずれ自分がしてほしいことを誰かがやってくれる」というふうに考えればよいだろう。だから、自分が幸せになりたいのなら、他人が幸せになるために役に立つことをすればよいのである。

相手が、自分の親切を「大きなお世話」と思うか、あるいは「大きな感謝」の念で迎えるかは、私たちの欲望のつかい方による。私利私欲を満たすためではなく、他人のためになるように自分の欲望をつかえば、自分にもそして他人にも真の幸福が訪れるのだ。

「幸運の持ち主」にはこんな要素が共通している

世の中には運の良い人と悪い人がいる。

どこから見ても人並み以上の能力があり、その実力を充分に発揮できればたいていのことはうまく運ぶはずなのに、どういうわけか不運にばかり見舞われる人、最初はうまくいっているのにいつも途中でダメになってしまう人がいるものだ。

その一方で、たいした能力もないのに、何をやっても不思議なくらい調子よくことが進む人もいる。打つ手、打つ手がことごとく当たるものだから、そのうちに実力も伴ってきて、何もかもが思いどおりに展開していく。

昔から、出世したり成功するためには、まず「運が良くなければならない」といわれている。実業家として大成功したような人はもちろん、その人並みはずれた努力を評価すべきだろうが、それだけではない。やはり、この「運」というものに恵まれている。

そんなとき多くの人は、成功者は運が良くて、失敗者は運が悪かったというように考えがちだ。中には「成功なんて、しょせんは偶然が積み重なったものだ。運命なんて変えられないのだから、努力などしたってムダだ」と思う人もいるかもしれない。

「運」とは偶然の作用で、私たちの力ではどうしようもないものなのだろうか。その結論を出す前に、運の良い人と悪い人の特徴を考えてみよう。

私はこれまでたくさんの人を見てきたが、人生で成功している人、つまり運の良い人というのは例外なく性格が明るい。しかもただ明るいだけではない。生命力にあふれた朗らかさで、自分だけでなく周りの人も楽しい気分にさせてくれる。また何事にも前向きな発想で取り組み、ダメだったらどうしようと否定的にとらえることをしない。

たとえば、一本のウイスキーボトルがあるとしよう。中にはおよそ半分のウイスキーが入っている。あなたがウイスキー好きだとして、それを見たとき「もう半分しかない」と思うか。それとも「まだ半分ある」ととらえるか。

もう半分しかないと思う人は、ものごとを否定的にとらえることが多い人といえる。「まだ半分ある」と思う人は、楽観的な発想ができる人である。

前向きの発想ができる人は、どんなことにも積極的にチャレンジしていく。たとえ可能性が少なくても、ゼロでない限りトライはしてみる。失敗してもくじけることなく、その教訓を次のステップへの糧《かて》とすることができるのだ。

一方、運に恵まれていない人は、いままで述べたことの反対のことをしている人だと思っていただければよい。つまり、何事にも悲観的で、失敗したことをクヨクヨと思い悩んでしまうのだ。

幸運の持ち主といわれる人をよく見てみると、ある共通点を見出すことができる。運の良い人、幸運の持ち主とは、どんな人に対しても幸せになってもらいたいという心で接し、自分ができ得る範囲で人のためになることを積極的におこなっている。だから友人にしても、会社の同僚や上司にしても、その人の周囲には気持ちのいい人たちが集まってくる。苦しい局面や大変な困難に遭っても、そういう人たちから救いの手が差しのべられる。そうした周囲の力を得て、たとえ不運に傾きそうになっても、その人は流れを幸運に転換させてしまうのである。

つまり幸運の持ち主とは、日常生活の中で善行を積み重ねてきた人だといえよう。善行を積んでいるから、幸運が舞い込んでくるのである。

他人に恵んだ幸福は必ず自分のところに形を変えて戻ってくる。仏教ではこれを「善《ぜん》因善果《いんぜんが》」という。反対に悪行を重ねていると、やがてしっぺ返しとなって自分に返ってくるもので、これが「悪因悪果《あくいんあくが》」となる。この原因と結果の関係を総じて「因果応報《いんがおうほう》」というのである。

幸運とは善行を積むことを通じて自分に招き寄せるものだ。「慈悲」の心をもって「お布施」「愛語」「自利利他」を実践する。そうすれば、おのずとあなたにも幸運が舞い込んでくるに違いない。

第六章　苦難を耐え抜く心

素直さとは、あるがままを受け容れる心

人とお会いしていると、私は不思議な感覚にとらわれることがある。「この方にお会いするのは初めてではない」。そう思うことがよくあるのだ。

これまで、私はいろいろな方と巡り会う機会を得てきた。講演会などを含め、国内の方はもとより諸外国の方と出会うチャンスもいただいている。しかし私は国籍や人種にかかわりなく、どんな人にお会いするにしても、なぜか「この方とは初対面ではない」と感じて、どこかになつかしさや親近感に似た感覚をおぼえるのだ。

これは俗にデジャビュ（既視感。はじめて見た光景なのに以前見たことがあると感じること）といわれるものだが、これこそが「縁」というものだと私は思っている。み仏

や私の先祖が、こうした邂逅《かいこう》を「記憶」という形で授けてくださったのだろう。私はそんな感覚をおぼえるたびに、素直に「前世からのご縁なのだ」と信じることにしている。「前世からの因縁《いんねん》なんてあるものか」と思う人もいるだろうが、仏教では、素直に自分の思考や知覚を信じることを重視している。

人の話や自分の感じたことを素直に信じる。仏教ではこれを「如是我聞《にょぜがもん》」という言葉であらわしている。これはお釈迦様の高弟のひとり、阿難尊者《あなんそんじゃ》が用いた言葉だが、常にお釈迦様のそばに仕えて法話を聞き、仏法を衆生《しゅじょう》(生きとし生きるものすべて)に伝えた方として知られている人だ。

阿難尊者は衆生にお釈迦様の教えを広めるとき、「如是我聞(わたしはこのように聞きました)」という言葉からはじめたそうだ。仏教経典のほとんどがこの「如是我聞」という言葉ではじまっているのは、阿難尊者がこの「如是我聞」を用いたからだといわれている。

「如是我聞」は文法上でいうと「伝聞体」である。しかし、ここにあらわれている考え方は単に「聞いた」という意味ではなく、「お釈迦様の教えは正しいのです」という阿難尊者の確信が含まれているように思われる。この言葉には「不安を抱いていたり、疑いの心を持って聞いていては真実は理解できない。真理に近づくためには、素直な気持ちになって聞くことが大切だ」という、お釈迦様の教えが反映されているのだ。

先にも述べたように、仏教では「まず聞く」という姿勢を重視する。素直に聞く、素直に見る、素直に感じることによって、自分が何をすべきか、他人に何をしてあげられるかが、はっきりと見えてくるからだ。

「素直に聞く」ということは、相手を理解しようとする心のあらわれでもある。相手の話を素直に聞かないで、その人の何を理解できるだろうか。

私たちの中には相手の話に耳を傾けないで、自分の話だけをまくしたてる人もいる。こういう人は「自分のことしか考えていない」と思われ、やがて周囲の人に敬遠されるようになる。たとえ相手の話をちゃんと聞いていたとしても、その言葉を否定的にとらえたり、「オレのほうが物事をよく知っているんだぞ」などと余計な考えを抱いていると、見えるものも見えなくなり、真実を見逃してしまう。

もちろん、形だけ人の話に耳を傾けていても、頭の中で理屈をこねて足踏みをしていたのでは、いつまでたっても前に進むことはできないだろう。実践が伴わなければ意味がない。

お釈迦様は次のように教えている。

「理詰めで教えを理解しようとする前に、まず動きなさい。そうすれば真実はおのずとわかってくるものだ」と。人の話を聞いたら次に実践しなければ意味がないということで、ときとして理屈抜きで行動することも大切になる。

ひとつ、禅宗の説話を紹介しよう。

ある師僧《しそう》が弟子たちに仏法を説いていると、にわか雨が降ってきた。法堂《はっとう》（禅宗で講義・説法をおこなう建物のこと）の中だったので濡れる心配はないが、建物の尾根が傷《いた》んでいたのであろう、講義をしている部屋に雨が漏りはじめた。弟子たちは、雨水を受ける器を探しに台所へ向かった。だが雨水を受けるのに充分な大きさの器が見つからない。弟子たちは慌てるばかりである。中でも一番若輩の弟子はよほど取り乱していたのか、よく確かめもしないで側《そば》にあったものをつかみ、師のもとへ走っていった。

しばらくして、鍋《なべ》や桶《おけ》を見つけた兄弟子たちが戻ってきた。先に器を見つけたはずの若い弟子は雨水を受けもせず、うなだれたまま師僧の横で所在なげにたたずんでいる。兄弟子たちは彼が持っているものを見て、腹を抱えて笑いはじめた。若い弟子が台所でとっさにつかんだのは、笊《ざる》だったのだ。

ところが、師僧は兄弟子たちに激しい一喝《いっかつ》を浴びせ、逆に笊を持って駆けつけた弟子を称賛した。

「たしかに鍋や桶を持ってきたおまえたちの判断は正しい。笊では雨水を受けることは難しいだろう。しかし、この者は理屈ではなく、私を思う気持ちでとっさの行動に出た。それに比べておまえたちは、まだ理詰めで行動しているところがある。日ごろから『思うよりまず動け』と教えているのに、実践したのが末弟だけとは情けない……」

兄弟子たちは、自らの不明をおおいに恥じたという。

火急のときに理屈はいらない。論理で考えたり疑ったりするのではなく、素直な心で「あるがまま」を受け容れること。これが「み仏の教えを実践する」ということなのである。

苦しみを受け容れてこそ、人は素直になれる

素直に信じることは本当に難しいことだ。私でさえ、最初からみ仏の教えすべてを信じきっていたわけではない。素直に信じられるようになるには時間がかかった。幾度も「行」を重ねてはじめて、この境地にたどりつくことができたのだ。

固定観念にとらわれていたり、何ごとに対しても懐疑的になっていては、「素直さ」はけっして生まれない。心に〝ゆとり〟を持たせて素直に「見る」「聞く」「動く」を実行すれば、自然の草木からでも大きな教えを得ることができるようになる。

では、心の〝ゆとり〟とはいったい何だろうか。

湯飲みにお茶を注ぐとする。八分目までならまだ注ぐことができる。いっぱいまで注げば、それ以上注いでもこぼれるだけだ。そうした「飽和状態《ほうわ》」にしないでおくことが、〝ゆとり〟を持つということなのである。

心に〝ゆとり〟を持つとは、「自分が一番だ」とか「自分が偉いんだ」という傲慢《ごうまん》な気持ちで心を飽和状態にするのではなく、自分にはない価値観や他人の意見を心の中に取り入れるスペースを確保しておくことだ。心に〝ゆとり〟があれば、素直に「あるがまま」を受け容れることもできよう。世の中で成功している人、上に立っている人は、たいてい素直で純粋な心を残している。人の助言をしっかり聞き入れ、実生活に役立ててきたからこそ、成功したといえるのである。

「素直さといっても、へそまがりは生来の性格だから直しようがない」と考える人もいるだろう。そんなことはない。性格の大部分は後天的に形成されるもので、誰しも生まれたときは清浄無垢《しょうじょうむく》な心を持っている。だが人の心は、成長するにつれて、少しずつ曇っていく。

本来は清浄だった心が汚れてしまうのは、自分を取り繕ってしまうからである。「かっこよく見せたい」「頭がいいと思われたい」「人から尊敬されたい」……。体裁を気にしたり、うわべだけを飾ろうとすることは、本来の美しい心を曇らせることにつながる。

心が曇っていると、どんな言葉も心には届かない。これでは、外側で何が起こっているかを知ることはできまい。耳目を奪われた状態では、真実は見えにくくなる。

心を清らかに保ち、「あるがまま」を受け容れる。私たちが「行」をおこなう理由は、この一点にある。たしかに「行」は苦しい。それでも心を研磨して曇りや汚れを落とすための「行」であるから、苦しくないと意味がない。

つらいことも苦しいことも「あるがまま」に受け容れて、そのつらさや苦しみを知った自分の心を通じて人の心を知り、ともに苦しさを分かち合って生きることの大切さを理解するようになること。み仏の教えとは、これを自分で実践するための道しるべにほかならない。

人間とは我欲にとらわれやすい、弱い存在である。苦しみからなんとか逃れたい、そう思うのも当然といえる。しかし、いつも苦しみから逃げてばかりいる人は、真の苦しみというものには理解が及ばない。そんな人の心の中では、み仏は沈みゆくばかりとなり、他人の痛みを知らない我欲が表にあらわれるばかりで、素直な心など育ちようがない。

人は生きているかぎり、苦しみから逃げることはできない。逃れたと思うのは、ただ先送りしただけなのだ。この定理を悟ったとき、人は苦しさを正面から引き受けることを学ぶ。それによって、人は我欲の窮極である苦しさの限界を知り、人の痛みとみ仏の慈悲を感得できるようになるのだ。

人が素直な気持ちになれるのは、苦しみをあるがままに受け容れることを通じてである、ということがおわかりいただけただろうか。つまり素直さとは先天的な性格ではなく、あなたの心の持ちよう、人生に対する姿勢によって形成されるものなのだ。

煩悩を消そうとあがくよりも、うまく活かせ

密教には「煩悩即菩提《ぼんのうそくぼだい》」という言葉がある。煩悩もまた悟りの境地である、という教

えである。これが意味するのは、煩悩の本体を知ることが悟りの境地に導いてくれるということで、勝手気ままに振る舞っていても悟りを得られるということではない。人間はこの世に、百八つの煩悩を抱いて誕生するという。誰しも煩悩を持っているもので、お釈迦様や阿難尊者、弘法大師も煩悩を持っていた。もちろん、私にもある。人間の欲望は尽きることを知らない。お金もほしければ、地位も名誉もほしい。何もかもを自分の思いどおりにしたい。これが人間の偽らざる本音ではないか。人はみな、あれもほしい、これもほしいという欲望の業火《ごうか》に身を焼かれながら生きている。「煩悩」から解放されればどんなに楽かわからないのに、誰もそれを捨て去ることができないでいる。

お釈迦様は「煩悩を捨てれば人は悟りを得られる」と教えているが、密教ではこうした「欲望」を否定していない。「欲望」もまた浄《きよ》らかな心だと教えているのだ。『理趣経《りしゅきょう》』の一部に「慾箭清浄句是菩薩位《よくせんせいせいくしほさい》」とある。「慾箭」とは欲情の箭（矢）、つまりセックスを欲する心の矢という意味でもあるが、同時に、すべてのものをみな救いたいという欲望（抑えがたい情熱）をも意味する。欲望を持つのは罪悪でもなければ、汚《けが》れでもない。むしろ菩薩《ぼさつ》の位と同じだというのが「慾箭清浄句是菩薩位」の本意である。

たとえれば「煩悩」とは渋柿のようなものだ。渋柿はそのままではおいしく食べられないが、干し柿にすると美味になる。渋柿は渋味があるからこそ甘味が出てくるのであって、渋味がなければ干し柿にしても甘い味は出ない。渋柿から渋味を取り去ってしまうのではなく、もともと備え持っている渋味を活かして、おいしい干し柿をつくることが大事になる。

煩悩についても同じことがいえる。それを消し去るのではなく、どう活かすかによって、まったく違ってくる。煩悩はけっして罪悪でもないし、無用のものでもない。人間が生きていくための大きな原動力にもなれば、他人を傷つける凶悪な武器にもなる。

密教には「五大願《ごたいがん》」という、五つの誓いがある。

一、衆生《しゅじょう》無《む》辺《へん》誓願《せいがん》度《ど》
二、福智《ふくち》無《む》辺《へん》誓願《せいがん》集《しゅう》
三、法門《ほうもん》無《む》辺《へん》誓願《せいがん》学《がく》
四、如来《にょらい》無《む》辺《へん》誓願《せいがん》事《じ》

五、菩提《ぼだい》無上《むじょう》誓願《せいがん》成《じょう》

これは仏門に入るときに誰もが唱える誓いの言葉である。それぞれの大意は、

一、この世の中にあるものすべてを悟りに導き、救いましょう。
二、人は煩悩を断ち切るのは無理だから、積極的に煩悩を認めてこれを集めましょう。
三、み仏の教えは限りなく深く底は尽きないが、これを誓って学びましょう。
四、大日如来を拝み、誓ってみ仏に奉仕しましょう。
五、仏道は素晴らしいものだから、これを誓って成し遂げましょう。

という意味になる。どれも完全に実現するのは難しいことだが、あくまでも「理想」の姿として密教が掲げている教えだ。この中で、二句目の「福智無辺誓願集」に注目していただきたい。

先に「福智」を「煩悩」と訳したが、「福」とは物質的な恵み、具体的には食糧や衣服をあらわしている。「智」とは精神的な恩恵、すなわちやさしさや愛情のことである。

つまり物質的欲求も精神的欲求も限りないから、これらをことごとく集めましょうといっているのだ。「福」と「智」を集めたうえで、物がほしい人には物を与え、精神的なものがほしいという人には惜しみなく法《ほう》を与えよう、ということである。これは「我欲のために」ではなく、「衆生に与えるために」集めるということだ。

「欲望を捨てるより、求めよ」。求め求めて、さらに求める。手に持ちきれないほどのものを持つと、はじめて自分がほしかったものがわかる。そうすれば余分に持ってしまったものを他人に施すことができるようになる。

弘法大師は『法華経開題《ほけきょうかいだい》』の中で「たとい諸欲に住《じゅう》すとも、なおし蓮華《れんげ》の客塵《きゃくじん》の垢に染《せん》せられるがごとし」とおっしゃっている。「客塵」とは清浄な人の心を内部から汚すもの、つまり煩悩のことだが、「たとえいろいろな欲望を心の中に持っていっても、清浄な蓮華の花が汚れた泥の中から咲くような気持ちでいたいものだ」という意味である。

さらに『理趣経《りしゅきょう》』では、「大欲清浄《たいよくせいせい》を得、大安楽にして富饒《ふじょう》なり（善人の持つ大欲は欲であっても浄《きよ》らかだ。すべての人が豊かになれる欲だから）」ともいっておられる。欲望の果てにあるものが他人に授けることであるならもっと貪欲に集めてもよい、ということだ。

もちろん、そこには「他人に与えること」が前提になっているということを忘れてはなるまい。自分の幸福を求めるからには、他人にも喜びを分かち合わなければならない。あわせて、自らの不幸も従容《しょうよう》として集められる人が、不幸のつらさを体感できるといえる。つまり幸も不幸もいっぱいに持ち合わせた人こそが、他人の幸せを心から喜び、不幸をわがことのように哀しむことができるのである。

素直さとは、無理に煩悩を抑えることではない。煩悩さえも受け容れる広く穏やかな心である。「福智」を集められるだけ集め、適宜他人に与えることができれば、相手を羨《うらや》んだり、自分を飾ったりせずに、素直に生きることができる。

他人の幸福を素直に喜べる人こそ、この「福智」を体得した人にほかならない。それがまた、その人の幸福として返ってくるのだ。

真実を判断できる「中心」を見つけるには

人の教えを素直に受け容れて「あるがまま」を知る。これができれば本当の幸福が手に入る。しかし、人間の持っている〝器〟には限りがある。何もかもを無条件に受け容れることはなかなか難しいことだ。

私はしばしば弟子に向かって、「中心をとれ」と教えている。「中心をとる」とは、目の前にあるものを素直に信じながら、真実かどうかの判断力を身につけることだ。「中心をとる」と「素直に受け容れる」ことは矛盾しているように思われるかもしれない。だが「中心」をとらずして素直に信じることは、大変危険なことでもある。

先のオウム真理教事件がそのよい例であろう。若者が次々にオウム真理教に入信していった背景には、荒廃した現代の精神社会があったからだといわれている。オウム真理教の是非については後章に譲るが、ここで重要なことは、若者たちが自分という存在をどうとらえてよいかわからないほど、判断の「軸」を見失っていたことだ。つまり彼らは「中心をとる」ことができず、〝素直に受け容れる〟だけを忠実に実行したのだ。

これは、オウム真理教に入信した若者に限った現象ではない。私たちも、いま「中心」を見失いつつある。

テレビや新聞のニュース報道や解説を考えてみようか。そこには際だったもの、珍しいものだけに焦点をあて、それがあたかも普遍的であるかのように思わせる側面がある。とはいえ、報道すべてを疑いの目をもって見なければならないとしたら、世の中で起きている事象を知るのに大変な労力と時間を費やさねばならない。だから私たちは報道された内容を、ある種の信頼をもとに読んだり聞いたりすることになる。

しかし私たちが毎日接している情報は事実の一面を伝えるものではあっても、その全《ぜん》貌《ぼう》を伝えているのではない、ということも知っておかなければならない。これが「中心をとる」ということである。

情報の氾濫を批判する人も多いが、間違った情報や偏った伝達の弊害はあるものの、それらを心の目でとらえると真実が見えてくる。じっとニュースを見守るだけでも、心の荒廃した世相をうかがい知ることができるし、社会の変化にどう対応するべきかもわかってくる。何が正しくて、何が誤りなのかを知らない人は、一つの情報を見ても、その内容を正しく読みとることができない。

高度情報化時代といわれている現代だからこそ、私たちは正しいと判断できる「軸（中心）」を見つけ出す能力を必要としている。この力はどうすれば身につくかといえば、常に自分の心身を健全な状態にしておくこと以外にはない。曇りも歪《ゆが》みもない鏡がありのままの像を映し出すように、いつも心身を浄らかな状態にしておけば、汚れているもの、歪んだものが自然とわかるようになるのだ。

第七章　心を鍛える

なぜ、こんなに苦しい「行」をおこなうのか

いったい何のために、肉体に苦痛を求める「行《ぎょう》」をするのか――しばしば寄せられる質問である。結論からいえば、「行」をおこなう究極の目的は、衆生《しゅじょう》の救済にある。

私の寺（最福寺）では、毎日欠かさずに護摩《ごま》を焚《た》いている。護摩とは、真言密教でおこなわれる「行」の一つで、護摩壇《ごまだん》で護摩木《ごまぎ》を焚き、み仏に祈る行法だ。護摩壇で焚く炎は智慧《ちえ》や真理をあらわし、その炎にくべられる護摩木は人の悩みや災難をあらわす。勢いよく燃えさかる火焔が、煩悩《ぼんのう》や病魔《びょうま》諸悪《しょあく》を焼き焦がすといわれている。

とくに、最福寺の護摩行は生半可《なまはんか》な厳しさではない。三メートルを超える炎と尺寸も隔てず対峙《たいじ》して、汗にまみれながら約二時間のあいだ休みなしで真言を唱え続ける「荒《あら》

行《ぎょう》」である。法衣は滝に打たれたようにぐっしょりと濡れ、したたり落ちる汗は床を流れていく。瞬時でも気のゆるみがあれば、手ひどい火傷《やけど》を負いかねない。不慣れな者であれば、終わったあとに一人で立ち上がれなくなったり、気を失ったりする危険な「行」なのだ。両手の指では数え切れないほどの罪を重ねてきた元ヤクザの弟子でさえ、「これほど苦しいものだとは思いませんでした。これなら刑務所の中にいたほうがずっと楽でしたよ」と舌を巻いたほどだ。

かといって、「こんな危険で苦しい『行』など一度経験しただけでもう充分。二度とやるものか」と護摩壇に上がらなくなるかといえば、そんなことはない。弟子の中には尻込みする者など一人としていないのである。

では、なぜそんなに苦しい思いをしてまで「行」をおこなうのだろうか。苦行を完遂したあとに感じる達成感を求めておこなうのか。そうではない。「行」には精神錬磨と自己啓発という目的もあるが、最終的な目標は「同悲《どうひ》・同苦《どうく》」の精神を養って、み仏の境地に近づくことにある。

「同悲・同苦」とは読んで字のごとく、他人と同じ悲しみ、同じ苦しみを感じることだ。これは「察する」ことではない。「感じる」ことである。同じ苦しみや痛みを感じて、相手と同体になることだと考えていただきたい。
「苦しみ」とは言葉で伝えられるものではない。不運に見舞われて苦しみのどん底を味わった人から苦しみのありさまを聞いたとしても、「可哀想に」とか「つらかっただろう」と憐れむことはできようが、自分の身で体験しないとその「苦しみ」を真実、理解はできない。

私たち行者が「苦行」をおこなうのは、この世のさまざまな苦しみを自分の身体におぼえさせるためだ。自分の苦しみを通じて、他人の苦しみをわが苦しみとすること。これが「行」をおこなう大きな目的の一つなのである。

この「同悲・同苦」について、こんな話がある。

ずいぶん昔のことだ。ある新聞の投書欄に、家が貧しいために修学旅行に行けない子供の話が掲載された。さほどの反響があったわけではない。

しかし数日後、この家庭に一通の手紙が届いた。差出人の名前はない。封を切ってみると、中には「貧しさに負けずに、楽しい修学旅行をしてください」という簡単な添え書きとともに現金五万円が入っていた。受け取った本人にはまったく心当たりがない。結局、「送り主がわからずにお金をつかうわけにいかない」との結論を出し、警察に届けることにした。

そのため、この話が公になり、新聞社が送り主を探し出すことになった。送り主は大阪のメリヤス工場で働いている二十歳の女性であった。

彼女はほんの気まぐれから、見も知らぬ人にお金を恵んだのではなかった。彼女は九州の出身で、大阪に出稼ぎに出ており、けっして裕福とはいえない家庭の娘さんだった。彼女の故郷は炭坑の町として栄えていたが、エネルギー革命で廃鉱に追い込まれ、炭坑労働者の家庭は貧困に喘《あえ》いでいた。その中でも、彼女の家はとりわけ貧しかったそうだ。彼女は少女時代を困窮の中ですごし、経済上の都合から修学旅行に行けなかったという、つらく悲しい経験を持っていた。だからこそ彼女は、修学旅行に行けない子供の悲しさを自分の体験に重ねて、他人ごととは思えず、その子供の悲しみに「同悲」したのである。

遠く故郷を離れ、若い身空で都会で働いていることを考えれば、そう高い給料をもらっているとは思えない。その給料の大半は、炭坑の町に住む両親への仕送りだったかもしれない。それでも彼女は、万が一のために貯金しておいたお金を、見ず知らずの子供に送った。自分の過去を考えると、送らずにはいられなかったのであろう。これこそまさに「同悲・同苦」の精神であり、「仏心」のあらわれだといえる。

もちろん彼女は、私たち行者のように毎日「護摩行」をおこなっていたわけではないが、「同悲・同苦」の精神を持ち合わせていた。それは、彼女の貧しい少女時代そのものが「行」だったからだ。

「貧《ひん》すれば鈍《どん》す」というように、苦しい生活を強《し》いられていると、心がささくれだってしまう人もいる。しかし彼女の心は苦しい中でも屈折しなかった。逆に、「同悲・同苦」の精神を養ったのだ。それは彼女が自らの境遇を悲観したり恨んだりするのではなく、心に〝ゆとり〟を持って素直に〝あるがまま〟を受け容れていたからではないだろうか。そのことが彼女の心に「同悲・同苦」の仏性《ぶっしょう》を宿らせたのだ。

物質的に豊かになった現代では、彼女のような「苦しみ」を体験する機会は少なくなった。ぶらぶら遊んでいても飢えることはないし、危険できつい仕事をしなくても、ある程度の生活レベルは保てる。職種を選ばなければ、生きていくための仕事なら見つかるだろう。その他の「苦しみ」も医学の発達や社会保障の充実などによって、昔と比べるとはるかに減ったといえる。

そんな良い世の中になったにもかかわらず、いや、それゆえにこそ、どんどんなくなっているものがある。それが、この「同悲・同苦」の精神であり、相手と同じ苦しみ、悲しみを「自らの身をもって実践する」のが「行」の精神なのである。

「行」は理屈ではない。あくまでも自分の肉体を通して体得するものだ。机上の論理ではうかがい知ることはできまいし、万言を費やしても他人に伝えることはできない。

人は自分の身を通してのみ、他人の心を知り、思いやることができる。他人を思いやる「同悲・同苦」の精神を養って、み仏に少しでも近づくこと。そのために、あえてわが身を苦しめる――それが「行」を実践する大きな理由の一つなのだ。

まず学ぶべきは「耐える」という心

「行」とは「祈る」ことであるが、同時に「耐える」ことでもある。耐えて耐えて、耐え抜いたあとに得られる実りの大きさは、とても言葉ではいいあらわせない。これは「行」だけに限ったことではなく、人生のあらゆる局面についていえることだ。

いまの日本全体が、この「耐える心」を忘れてしまったような気がしてならない。甘えばかりが蔓延《まんえん》して、お互いがその中にどっぷりとつかり、安逸《あんいつ》をむさぼっているように思えてしかたないのだ。安逸の中から繁栄の芽は絶対に出てきはしない。耐えることを忘れてしまった日本人の心は、このまま崩れさってしまうのではないか。私はそんなことまで危惧《きぐ》している。

人は往々にして、自分が苦しくなると目の前の苦難から逃げ出したいがために、ことの本質から目を逸《そ》らそうとする。それがかえって事実の究明と解決を遅らせて、苦しさをより一層深める結果を招くことになる。

人間は苦しいとき、つらいときにこそ自分が試される。逆境のただ中にあるときにこそ、その人の真価が問われるといってもよい。つらさや苦しさをごまかしてはいけない。自分がつらいときは、まわりの人も苦しいのだ。自分が味わった苦しいときの体験を活かし、それを他人の苦しみを救うためにつかうことによって他人も自分も救われるのだ。

弘法大師は『声字実相義《しょうじじっそうぎ》』の中で、「真実がたとえ苦しくつらいものであっても、それに目をつぶらずにはっきり見つめよう」という教えを示している。だが人間とは、ほとんどが自分に甘くて、他人には厳しいものだ。自分に厳しくするということは、たしかに難しいことかもしれない。

たとえば、リストラで会社を馘《くび》になったサラリーマンや事業に失敗した経営者で、自分以外のものごとに責任を転嫁している人はいないだろうか。たしかに政治や経済が悪かったから解雇や破産という憂《う》き目にあったのかもしれない。もしかしたら、不当なリストラをされたり、銀行の貸し渋りなどで倒産に追い込まれた方もいるだろう。

でもそんなとき、「不景気のせいだ」とか「必要なときに金を貸してくれなかった銀行が悪い」と、失敗の原因を他になすりつけていないか。言い逃れをするのは簡単である。しかし、自分の判断や行動に間違いがあったからこそ、苦境に立たされていると反省できる人がどれだけいようか。

自らの非を素直に認めるのは、まったく勇気のいることだ。

幕末の学者・佐藤一斎《さとういっさい》の自戒の句に「春風《しゅんぷう》をもって人に接し、秋霜《しゅうそう》をもって自らを慎む」という言葉がある。人に対しては春風のように柔和に接し、自分に対しては秋霜烈日の厳しさをもって律していく、という教えだ。

他人の悲しみや苦しみに同ずる心が起きる根源には、「耐える」という強い自律の精神があり、それがこの言葉の背景となっている。悲しみや苦しみに耐えてこそ、そこから「同悲・同苦」という、み仏の「慈悲」の心も生まれるのである。

自戒の心で自らに鞭打てるか

「行」の本当のつらさは、護摩行での火傷などの肉体的な苦痛ではなく、同じ苦行が休みなく続くことにある。それに比べれば、座禅《ざぜん》を組んだり、一週間の断食《だんじき》など容易なものだ。いまの世の中は要領のいい人が得をするようにできているようだが、こと「行」に関しては要領など入り込む余地はない。毎日の苦行に正面から挑んで、それを繰り返すほかはないのである。

地道ではあっても、欠かさず実践し続ければ自信も湧いてくるし、心の中が明るく燃えるようになる。口先の理論だけを習得しても知識は増えるだろうが、それではいつまでたっても自分を高めることはできない。真言密教の開祖、弘法大師が「理論や理屈などどうでもよい。まず自分で体験することだ」と教えたのもそれゆえである。

これは自転車の乗り方を習得するのと同じだ。自転車に乗れるようになるまでには、ひっくり返ったり、塀にぶつかったり、あるいは川に落ちたりしながら、すり傷やたんこぶを嫌というほどつくるものだ。その痛みとともに、人は自分の身体で自転車の乗り方をおぼえていくのである。

「行」の中に理論があるのであって、理論の中に「行」があるのではない。弘法大師の生涯を見れば、それがよくわかる。

大師は十五歳で得度《とくど》（仏門には入って僧侶になること）してから、たった一人で深山《しんざん》幽谷《ゆうこく》にこもり、一生懸命に「苦行」をおこなった。真冬の深い山の中で、葛《かずら》でつくった粗末な衣服を着て精進《しょうじん》の道を実践し、炎暑の夏には大変な暑さの中で穀物や飲み物を断った。阿波《あわ》の国（現在の香川県）の大瀧ヶ嶽《たいりょうがたけ》によじ登ったり、土佐（高知県）の室《むろ》戸崎《とさき》で一心不乱に読経を繰り返した。

こうして二十歳のとき、室戸崎で悟りをひらいた。瞑想《めいそう》のただなかに明星《みょうじょう》が口中に飛び込んできて、光明の輝きが虚空蔵菩薩《こくうぞうぼさつ》の力をあらわし、仏の教えが何よりも貴《とうと》い真理だということを知ったのだそうだ。

ついに弘法大師は、仏教の教えの正しさを理会《りかい》したのである。

理論づけという作業は、この実践のあとにおこなわれた。「行」を終えてから『大日《だいにち》経《きょう》』や『金剛頂経《こんごうちょうきょう》』をひもといて勉強し、中国に渡って真言密教の理論を完成した。

お釈迦様も同じである。まず自らに非常に厳しい「行」を課し、それを重ねることによって悟りをひらかれたのだ。

口先の理論では人を救うことはできない。自分の身体で相手の悲しみと苦しみを感じとることができてはじめて、他人を救い、同時に自らを救うことができるのだ。

弘法大師は『性霊集《しょうりょうしゅう》』の中で、「好薬《こうやく》、箱に満つれども、なめざれば益なし。玲衣《れいい》、櫃《ひつ》に満つれども、着ざればすなわち寒し」と人々に教えている。「どんなによく効く良薬でも飲まなければ効かないし、どんなにすばらしい衣服がたくさんあっても、それを着なければ寒い」という意味である。

いくら弘法大師のような偉人の法灯《ほうとう》を継いでも、その教えを実践しなければ何の意味もない。口先だけで「行」をしているといっても、わが身に苦しさを刻みつけねば、本当に「行」をしたことにはならないのだ。

どんな場合でも、人間には怠け心が出るものだ。たとえ「行」を実践できたとしても、「きょうはこのくらいでいいかな」「このくらいで充分だろう」と心のどこかで妥協してしまう。そんなときこそ自分で自分を引き締めて、自らの心に鞭《むち》を打って前進する。この自戒の心が大切になる。

怠け心が出てきたら、自分の心に鞭を入れる。その呼吸を体得して、自分の精神を鍛えること。これが「行」をおこなう大きな目的の一つなのである。

不動心と集中力はこうすれば鍛えられる

「行」の副次的な効果として精神の鍛練を挙げた。精神の鍛練とは、〃不動心〃と〃集中力〃の涵養《かんよう》である。不動心とは、わずかなことでくよくよ悩んだり、カッとなったりしない心――ちょっとやそっとのことでは動じない心をいう。

たとえばテレビのクイズ番組に出たが、ふだんなら難なく思い出せる答えがわからなくなってしまった。あるいは学校の授業中に突然、先生に指名されてどぎまぎしてしまった。入社試験の面接で頭の中が真っ白になってしまい、何が何だかわからなくなってしどろもどろになってしまった……。こんな経験をしたり、あるいは目にしたことはないだろうか。

一般に「あがる」とよばれているこの現象は、医学的にみると自律神経系とホルモン系の相互の微妙な調節作用で、未知なるものから身を守ろうという自衛機能の一つなのだそうだ。「緊張」とは、本能が危険を察知して身体を臨戦態勢にして有事に備えることだから、これ自体は悪いことではない。しかし極度の緊張でふだんの実力を発揮できないというのでは困ってしまう。

「行」をおこなうことは胆力《たんりょく》を鍛え、〝不動心〟を培うのにも役立つ。「あのつらい修行を私は克服した」という自信が湧くと同時に、「み仏が守ってくださっている」という確信に至るのである。

私の弟子にも「行」で自信をつけた者がいる。修行をはじめたころは「おい、鼻毛が出てるぞ」と私が言っただけで泣き出したほど気の小さかった者が、「行」を続けるにつれて次第に胆力が据わって、いまでは他の信者さんを指導するほどにたくましく成長した。

次に「集中力」とはどんなものか。

「私はものごとになかなか集中できない」と嘆く人をよく見かけるが、集中力は誰にでもあるもので、訓練次第でいくらでも引き出すことができる。

たとえば、電車の中で本を読んだときのことを思い出していただきたい。

電車の中というものは、見知らぬ人でいっぱいである。まして帰宅ラッシュであれば、酔っ払いや声高にしゃべる若者や主婦もいるし、駅に着けば人の乗り降りや車内のアナウンスも耳に届いてきて、とても読書に適した環境とはいいがたい騒がしさだ。

しかし、まるで周囲の喧噪《けんそう》などまったく耳に入っていないかのように新聞や雑誌、本に読みふける人もいる。それは意識が「読む」という一点に集まっているからである。その人には周りの雑音や喧噪が存在していない。「集中している」とは、まさにこのような状態のことをいう。この人のように電車の中で本を読むという行為も「行」と同じだといえる。「行」とは雑念や妄念を振り払って、一心不乱に何かをやり続けることだ。自らの世界に没入して何かを目指しているとき、人はみ仏の世界に触れることができるのである。

スポーツも「行」の一つだといえる。

短距離走の選手は、どれだけ練習に練習を重ねてきても、たった何秒かのあいだにすべてを吐き出さなければならない。百メートルを走るときは、スタートの号砲に全神経を集中する。その瞬間、さまざまな気持ちが胸中に去来するであろう。強い相手がいれば、その選手の動きが気になるし、応援してくれる人々の期待にも応えなければならないという気持ちも湧くだろう。しかし、そのような雑念があったのでは他の選手に後れをとることになる。だからこそ選手たちは、常人にはない強い精神と集中力が要求される。

雑念を振り払って心を集中した瞬間、選手はみ仏と同じ境地にある。心を「無」にして勝つことのみに集中しているならば、それも「無」に近い状態なのだ。

スポーツ選手は自分の力を発揮する一瞬のために、厳しい練習の日々を重ねている。邪念を振り払い、一つのことに専心する。これは私たちがおこなっている「行」と同じ効果をもたらす。だから、いつも真剣な気持ちで練習に臨んでいる選手には、運も必ずめぐってくる。

プロ野球の世界では、どんなに素質があっても根の暗い選手は成功しないといわれている。きのうのミスにいつまでもこだわっているようでは、きょうの試合に勝てなくなるということだ。過ぎ去った失敗はどんどん忘れて、「いま・ここ」においてトライするという〝強靱な明るさ〟が必要とされる。

ミスター・プロ野球といわれた長嶋茂雄氏は代表的な例であろう。彼はいくら不調のときでも明るく振る舞って、積極果敢なチャレンジ精神でプレーしたという。性格の明るさで幸運を招き、相手投手からホームランボールまで引き寄せたのだ。

反対に、内向的で人をねたんだり、自分を責めてばかりいる選手は、いつまでたっても泥沼からはい出ることができない。湿ったバットからヒットは生まれないといえよう。「行」（＝練習）に必要なのは、明るく素直な心である。ひたむきに練習（＝「行」）に打ち込むことが、効果的な「行」（＝練習）をおこなう秘訣になる。雑念を捨て、素直な気持ちで修行すればするほど、み仏の力に感応できるようになる。

それを知らずに、ただ肉体を酷使するだけでは「行」にはならない。「行」が肉体を痛めつけるだけのものでないことは、お釈迦様の教えからも知ることができる。

お釈迦様は悟りをひらくために、苦行に苦行を重ねて心身を痛めつけていた。その結果、身体はやせ衰えて肌の色は灰のようになったが、いつまでたっても悟りは得られない。そんなある日、お釈迦様は断食行でついに力つき、倒れてしまわれた。心身ともに疲れはて、息も絶え絶えになっているお釈迦様に対して、一人の少女が乳粥《ちちがゆ》を差し出した。お釈迦様は断食行を破って、その乳粥を口にしたとき、「悟りを得るには健康が何よりも大事だ」という考えに思い至ったのだ。「身も心も一つのもの。健康でないと修行はできない。健康を保つためには正しい食生活が必要である。食べ物を選り好みせず、節量を心がけ、適量を食するべきだ」と。

み仏は、苦行そのものに力を与えてくださるのではない。悩める人を救おうと苦行に耐える「慈悲」の心にこそ、力を与えてくださるのだ。私たちは「苦」を求めて生きるのではない。「苦は楽の種」という。「苦」はあくまでも「楽」に通じる道なのである。

み仏の救いとは「慈はよく楽を与え、悲はよく苦を抜く」ことだ。苦しみから人を救い出すだけではなく、生きる楽しさを与えること。それが仏の道における「慈悲」である。み仏の慈悲を、私たちは「行」によってのみ知ることができる。

自分の精神を錬磨して「苦しみ」こそ「楽しみ」に通じる道であると知り、自らが体験した苦しみによって他人の苦労を感じとること。これが苦しい「行」をおこなう理由なのである。

第八章　今の私たちに必要なこと

修羅を知ってこそ他人を思いやる心が生まれる

ここ数年、電車に乗っていて、ずっと気になっていることがある。それは乗客のマナーの悪さだ。

騒いでいる子供を注意しない親。車内が混雑しているのに、座席に荷物を置いて知らん顔をしている人。携帯電話自粛の放送を無視して電話をかけ続ける若者……。電車に乗っていると、非常識で無神経な行動をしている人がとても多いことに気づかされる。

電車の中に限ったことではない。視覚障害者のために設置された点字ブロックの上に平気で停めてある自転車やオートバイ、他人の迷惑を顧みない違法駐車。空き罐や紙くず、タバコのポイ捨てなど、例を挙げればきりがない。

聞くところによると、空き罐やタバコのポイ捨てを条例で禁止している地域もあるそうだ。公共の道路にゴミを捨ててはいけないというのは誰もが承知しているはずのルールなのに、それを法律で規制しなければならないとは、まったくどうなっているのだろう。

現代の人々、とくに若者たちは「自分の人生なんだから、好き勝手をして何が悪い」と考えているようだ。こういう人たちは、倫理や道徳に価値を見いださない。むしろ前時代的で、非合理的なものだと考えているのであろう。

第二次世界大戦以後の日本は、「忍耐」や「努力」といった修身の観念を教科書から抹殺してきた。これらの教育が軍国主義の思想につながると考えたからだ。いまにして思えば、この「修身」の精神こそ心を鍛えるための必要不可欠な要素であった。過去の不幸な戦争は、この精神を間違った方向に用いたからであり、「修身」それ自体は悪いことではなかったのである。

いまの子供たちは、堪《こら》え性《しょう》がないといわれる。「ほとんどの生徒は一時間の授業のうち、十分程度しか集中力がもたない。何をやっても投げやりで真剣味が感じられない」。ある学校の先生はこのように嘆いておられた。子供たちにとって一つのことに没頭することは、不器用で泥臭いイメージがあるのだそうだ。

「投げやりで真剣味がない」というのは、無気力さのあらわれである。なぜ子供たちはこんなにも無気力になってしまったのか。それは、日常生活の中に適度な緊張感が存在しないからではないか。

数年前、評論家の草柳大蔵《くさやなぎだいぞう》さんと対談をする機会をいただいた。草柳さんは仏教への造詣《ぞうけい》も深く、私自身も教えられることが多い対談であった。その中で草柳さんは「現代には修羅《しゅら》がない」といわれたが、これは現代社会の特徴を的確に捉えていると思った。

「修羅」とは、迷界《めいかい》（現世）と悟界《ごかい》（悟りの境地）を、生命の状態や傾向性によって十の段階に分類した世界の一つである。十種類の世界とは、最下層の「地獄道」「餓鬼道《がきどう》」「畜生道《ちくしょうどう》」「修羅道」「人間界」（ここまでが迷界）、「声聞界《しょうもんかい》」「縁覚界《えんがくかい》」「菩薩界《ぼさつかい》」「金剛界《こんごうかい》」（以上が悟界）といい、これを総称して「十界」と呼ぶ。上の階層に行けば行くほど生きることの苦しみが減って、より仏に近づく境地に分類されている。

戦乱や闘争で悲惨をきわめている場面を「修羅場《しゅらば》」というように、「修羅道」とは血みどろの闘争や殺し合いの世界のことである。

なにも草柳さんは、殺し合いや熾烈《しれつ》な生存競争を求めているわけではない。何の苦労もなく、時間だけが単調に過ぎ去っていく安逸な生活が、現代の日本人から生きる目的を奪ってしまうのではないか、と危惧されているのだ。

もちろん互いに傷つけ、命を奪い合う「修羅道」は現出させてはならない世界である。とはいえ「平和ボケ」と揶揄《やゆ》されるような現代日本の安楽さも考えものだろう。あまりにも太平楽な暮らしは、煩悩《ぼんのう》の多い人間を怠惰《たいだ》にして、生きる意欲をそぐからだ。その結果が、無気力な子供たちの横溢《おういつ》だといえる。

よく「若いうちの苦労は買ってでもしろ」というが、人は成長する過程で少しは「修羅」、苦しみの極限の緊張感を経験しておくべきではないだろうか。

本来、生きるということは苦しいものである。しかし、生きるか死ぬかの「修羅」を経験している人はとても強いものだ。少々の苦労は恐れないし、苦境に陥ってもくじけてしまうこともない。また、苦労を経験していれば、他人の痛みを感じとり、その感情を汲みとる「同悲・同苦」を養うことができる。

修羅を体験し、それによって他人を思い測る心を培うこと。「行」をおこなう意味はここにあるといっても過言ではない。

人間は一人では生きていくことはできない。私たちは隣りの人と手を取り合って、互いに助け合い、ともに生きていかなければならない。この「共生」の精神を認識していれば人の迷惑になる行為も慎むであろうし、「好き勝手に生きる」という不遜《ふそん》な思い込みもなくなるはずだ。

人間ひとりの力など、本当に限られたものだ。それでもなお、社会的な責任をエネルギーとし、家族への愛、家族の絆《きずな》に支えられながら生きるのが、人間のもっとも自然で正しい生き方ではないか。

お釈迦様は「この世は苦である」と説いておられる。生きることに苦しみが伴っているからこそ、人は助け合わなければならない。苦（修羅）を知らない者に、他人を助けようという気持ちなど起こらない。苦を知っているからこそ、共生の大切さに思いが至るのである。

いかに他人の役に立つか、とわが身を振り返って静かにうなずけるとき、人ははじめて満足が得られ、生きていることを確信するものだ。そこにみ仏を感じることができれば、それにまさる心の安らぎはない。

私たちが「行」を続けるのも、苦を知ることで他人に役立つことを願い、その実践によって自分が生きているという確信を得るとともに、み仏の心を感じて安らぎを得るためにほかならない。

自然はすべてバランスをとって共生している

地球は誰のものなのか、という疑問を投げかける人がいる。

数年前、木曽の桧林《ひのき》を荒らすニホンカモシカがテレビで取り上げられていた。植林したばかりの桧の苗が、特別天然記念物に指定されているニホンカモシカによって食い荒らされて、森林業者は甚大《じんだい》な損害をこうむったという事件だった。

被害は森林業者だけでなく、周囲の住民にも及んだ。当初、ニホンカモシカは人間を恐れていたが、やがて人間が危害を加えないことを知ると山を降りて人里を歩きまわるようになったのだ。天然記念物に指定されている動物を、人が殺したり捕縛することはできない。そうしているあいだにも、ニホンカモシカは植林や畑を食い荒らしていく。農家の人も森林業者の人も、拱手傍観《きょうしゅぼうかん》するほかなかった。

それをいいことに、ニホンカモシカの傍若無人《ぼうじゃくぶじん》な振る舞いはとどまるところを知らない。これに堪えかねた植林業者や住民は、ついに政府に対して「自由に捕獲できるようにしてほしい」と要望書を出したのである。

政府は対策として、年間千頭程度を駆除することにした。たとえ特別天然記念物に指定された動物であろうと、人間の生活を脅かす害獣なら仕方がない、というわけである。

このように、私たちはつねに人間を中心にしてものごとを考え、人間の利益を基準に善悪を判断している。

こうした場合、自然保護団体や動物愛護協会といった団体が出てきて物議を醸《かも》し出す。しかし、駆除と保護のどちらが正しいか、その結論を急ぐと往々にして大きな過ちを犯すことになりかねない。

もちろん、森林伐採などの乱開発が原因で絶滅の危機に瀕している動植物を保護することは正しいことだ。自らが犯した罪を人間が償《つぐな》うのは当たり前のことで、人間中心の利己的な発想を改めようとするのはとてもよいことだと思う。とはいえ、手当たり次第に多くの動物を保護することが、自然に対する真の罪滅ぼしになるのだろうか。

一坪の土地に、一升の種籾《たねもみ》を蒔《ま》いたとしよう。雨が降り、一週間もすると芽が出てやがて実をつけるが、びっしり蒔かれているため生育の悪い稲もあるだろう。しかも限られた栄養を多くの苗が奪い合うものだから実の数は少なく、根元で立ち枯れしている稲もあるかもしれない。ところが、これを適度に間引きしてやると見事な稲穂を実らせる。

動物保護に関しても同じことがいえる。特定の動物の数があまりに増えすぎると互いが食糧を奪い合って、体力のないものが飢え死にすることになる。結果としてニホンカモシカのように手厚く保護しすぎたために、その動物を殺すはめになるかもしれない。

自然界には、常にバランスを保とうとする作用がある。一方が増えれば、他方が滅びるという自然淘汰の厳しい生存競争のことだが、全体から見るとほどよいバランスを保っていることがわかる。

野ネズミの研究をしているある博士が、次のような実験をおこなった。温室のような閉ざされた広い空間に、野ネズミを放し飼いにした。最初は食糧に比例してネズミ算式に子供が増えるが、やがて食糧は限界に達する。すると子供を産まないメスがあらわれて、オスにも生殖機能を持たないネズミが出てくるのだそうだ。このように野ネズミは与えられた仕切りの中で全員が生きていける数を維持し、共存をはかっているのである。

ところが、人間は違う。食糧が足りなければ輸入し、病気や出産は医学に頼る。人間は自然の摂理《せつり》に反した生き方をしているといえるであろう。

自然を破壊するのが人間であれば、自然を保護できるのも人間なのだ。豊かな自然、その神秘的な営みを守るために私たちは努力しなければならない。自然を守ることは、すなわち自分自身を守ることにほかならない。地球上のありとあらゆるものと、私たちは「共生」しなければならないのである。

地球を慈しむ心が自然破壊をくいとめる

人間は、自らを万物の霊長類と称して、地球の支配者のごとく自己中心にものごとを考えている。それが誤りであることを示唆《しさ》してくれるのが、環境破壊の問題である。

地球温暖化は、工場やクルマからの排ガスによって、地球を覆う大気圏の最上層部に二酸化炭素のぶ厚い層ができることが原因で起こる。地球をすっぽりくるんだ二酸化炭素の層はちょうどビニールハウスのような役割を果たして、その結果、内部の温度がどんどん上昇していくのだ。こうなると、気温とともに海水の温度が上がることになる。ついには南極や北極の氷がとけて水位が上昇し、既存の生態系は破壊され、海岸に面したほとんどの都市が水没してしまうそうだ。

熱帯雨林の乱伐も地球温暖化を助長する一因であろう。これによって二酸化炭素を酸素に換える自然のメカニズムが減衰してしまった。熱帯雨林の乱伐に限らず、自然の大規模な破壊は雨が降るべきときに降らなかったり、これまで草原だったところが砂漠になったり、湖や川が干上がってしまうという現象を引き起こしている。

このほかにもオゾン層の破壊や酸性雨などさまざまな現象が起こっており、いま地球は時々刻々と病みつつあるといえる。こうした地球の現象が長い時間の経過とともに、今度は宇宙にまで波及していくともいわれている。すでに大宇宙のどこかで、ゆがみやねじれが生じているかもしれない。

大宇宙のねじれは、必ず元に戻ろうと働きだす。そのねじれが大きければ大きいほど反動もまた大きく、激しいものになるだろう。そしてその反動は、原因をつくった人類に返ってくるのである。

人類が自然を破壊し続けている根本原因は、私たちの煩悩《ぼんのう》にある。人間の心の根底にある「カネ」や「モノ」への執着が、現在の自分たちさえよければよいという考えを培って、「地球の将来がどうなるかなんて関係ない。人間いつかは死ぬものだし、影響が出るのは自分が死んだあとだろう」という「旅の恥はかき捨て」と同じ利己的な考えを生んでいる。だから自分の利益に直接関係のない動物や熱帯雨林が滅びようとも、さして気にならない。生命を単なる一過性のものとして考え、はるか昔から連綿と続く生命の営みを無視しているのだ。

私たちは一人では生きられない。両親がいて、先祖がいて、そして地球の美しい自然があってこそ、はじめて生きていられるのだ。私たちは、これから生まれてくる子供たちのためにも、この地球を守らなければならないのである。

自然を守るために、まず何をすればよいのであろうか。それは「すべてがバランスを保って生きる」という精神を培うことだ。

「ともに生きる」という精神がなければ、いつまでも「一人で生きている」という利己的な想念から抜け出せまい。どんな草木も、昆虫も、動物も、人間と無関係に存在しているわけではないのである。

いま、個人の心から地球レベルの環境問題に至るまで、人類は歴史上で経験がしたことがないほど深刻な危機に直面している。それでもなお、私たちが動物や植物の命を殺して食べなければ生きていけない存在だということは言うまでもない。だからこそ、周囲の人や動物、植物など、ありとあらゆるものに感謝の念を抱き、「ともに生きている」ということを意識する必要があるのだ。そのために私たちは自分の精神を錬磨し、あらためてものごとの真理を見つめ直さねばならない。社会がよくなれば、私たちの一人ひとりの生活がより幸せになるのは自明のことであろう。結局は、自分を磨くことが幸せを招く鍵になる。

私たちは長いあいだ、科学万能を信じてきた。しかし、私は、科学を信奉するあまりに目に見えないものへの深い想いや真摯《しんし》な態度を失ったことが、現在の混迷の時代を招いたのではないかと思っている。

目に見えないもの、それは霊魂や み仏だけを指しているのではない。人と人との絆、友情、信頼関係など、私たちのすべての心の働きのことでもある。

現在の環境問題の深刻化を考えるとき、「共生」の概念の中に自然環境を含めないと意味がない。その頂点に「地球」がある。人間だけが共存共栄しても、自然破壊がこれ以上進んだら人類の繁栄は〝砂上の楼閣《ろうかく》〟と化すことになる。

「ともに生きる」ということは、私たち人類だけではなく、「山川草木悉皆《しっかい》共生」でなければならないのである。

第九章　この世の基本は親子の関係

愛情を知らない子供たちがこんなに増えている

みなさんは米《こめ》をつくることができるであろうか。おそらく、ほとんどの人が「できる」と答えるのではないか。

種を蒔き、苗を植え、肥料をやって、害虫を取り除く。稲穂が垂れたら刈り取ればよい。こうして精魂を込めて育てれば、米は収穫できるであろう。しかし残念ながら、これは「栽培」でしかない。米を〝育てる〟ことはできても、種、すなわち命そのものを〝つくる〟ことはできないのである。

稲という生命の源の「種子」は、私たち人間がつくり出したものではない。生命とはみ仏の造化の賜物《たまもの》、いうなれば大宇宙のエネルギー（大日如来）が集約したものである。

私たちが子供をつくる場合も、まったく同じといえる。

「人がこの世に生まるるは、宿業《しゅくごう》（前世でおこなった行為と現世にあらわれるその報い）を因《いん》とし、父母を縁《えん》となす。気を父の胤《たね》に受け、形を母の胎《はら》に托《たく》す」

仏教の経典、『父母恩重経《ぶもおんじゅうきょう》』ではこのように教えている。「子供が生まれるとは、前世の宿業と父母を縁とした大宇宙の気（エネルギー）の結晶にほかならない」。生命は大宇宙からいただいたもので、この世で「人間」という形になるために、私たちは両親に手を貸してもらったということである。大宇宙から授けてもらった生命ゆえ、どんな人でも手をかけて大事に育み、再び宇宙へ帰れるようにしてやらなければならないのだ。

俗に、出産は〝三人〟を誕生させるという。まず生まれ出る子供がおり、子供を持つことによって夫は父親に、妻は母親になる。この三人が新たに誕生するわけだ。父になった自覚、母になった自覚が、夫婦にとっては新しい人生のはじまりとなる。

ところが、このごろは子供ができても出産前と同じ生活をしようとする親が増えてきた。一概に悪いことだとは言いきれないが、子育てとは「親の義」（親としての責任と使命）を全うすることにある。子供が産まれたからしかたなく育てるのではなく、子供に愛情を注いで心身ともに健康に育てなければならない。そのためには常に子供を見守り続けて、深い愛情で包み込んでやることが重要である。ときには子供の苦しみを取り除いてやり、ときには厳しく叱りつけ、子供をまっすぐに生きる生命に育てるのが、親の責任だといえるであろう。

ところが現代日本の家庭から、親子の「絆《きずな》」というものが失われつつある。「子殺し」や「親殺し」、「家庭内暴力」が顕著な例である。保険金目当てに自分の子供を殺したり、恋人との交際を許してくれない父親を包丁で刺し殺すなど、家庭内での陰惨な殺人事件があとを絶たない。最近は「幼児虐待」が急激に増えているともいう。親が子を殴る蹴るといった暴行だけでなく、子供の身体にタバコを押しつけたり、手足を熱湯につけて火傷を負わせたというニュースを聞くと、本当に胸が痛む。

虐待とは肉体を傷つける暴行だけとは限らない。子を精神的に傷つける「育児放棄」も立派な虐待である。「育児放棄」とは家の中に閉じ込めたり、服を着替えさせない、食事を与えないなど、衣食住などの世話をせずに子育てをやめてしまうことだ。

さらに、増加の一途をたどる少年犯罪や家庭崩壊、麻薬汚染……。現代社会は子供たちにとって、悪への誘惑に事欠かない危険な社会になってしまった。にもかかわらず一部の子供たちは、本来守ってくれるはずの親から追いつめられたり、見捨てられている。

あるいはモノを与えるだけで、それを愛情表現だと勘違いしている親があまりにも多いように思われる。

心が満たされず、親の愛情を知らないまま成長した彼らが親になると、どうなるのであろう。愛情を受けた記憶がないので、自分の息子や娘をどう扱ってよいのかわからなくなってしまう。こうした子供たちが大人になった日本の社会はどんな姿になるのか。何となく、ぞっとしてしまうのは私だけではないだろう。

一度壊れてしまった親子関係は、二度と修復できないのだろうか……。

親子の愛こそ、すべての愛の基本となる

親と子のいびつな問題は、心の荒廃が進む現代日本の病理のひとつである。病気なのだから、処方箋を書いて薬を投与しなければならない。良い薬になる教えはないものか。

私たちが忘れかけていることを教えてくれるもの、それが先に引用した『父母恩重経』である。『父母恩重経』はその名のとおり、親の恩がどんなに重いものかを説いている経典である。ここには、いまも変わらない親子の姿が描かれている。

遠い昔のインドで語られたこの経典だから、「昔の教えなど現代では役に立たないの

ではないか」という方もいるだろう。私はそうではないと信じている。親子が互いに愛《いと》しいと思う感情は、時代や場所、文化に関係のない、普遍的な真理だからだ。『父母恩重経』が伝える内容は、親の持つ切《せつ》ないまでの情愛を語りかけるものであると同時に、親と子の関係を通して真の愛、慈愛とは何かを教えている。

「乳飲み子を残しての仕事の帰り道。子供の泣く声が聞こえてくると、母は驚き胸が痛んで、乳が流れ出します。

子供はゆりかごの中から頭をもたげて母を捜します。

母を見つけた子供は甘えた泣き声を出して、母親のところにはい出してきます。

母は足を速めて身をかがめると、子供を抱いて乳を与えます。

母は子供を見て喜び、子供は母に抱かれて喜ぶのです。

一歳になって子供が歩くようになると、父は子供が火傷をするのではないかと心配になります。

母は子供が刃物で怪我でもしないかと心配します。

二歳になって子供が何でも食べるようになると、父は子供が毒を口にするのではないかと心配します。
母は子供が病気になれば、必死になって薬を探し求めます。
父母は宴席に呼ばれておいしいものを出されても、自分では食べようとせず、子供のために持ち帰るのです」

子の生命と親の生命とが互いに引き合うのを感じたとき、私たちの心は洗われ、新たな活力が湧いてくる。このように『父母恩重経』は、私たちの生命を育てる根本的な力が、誰の心の底にもある「子が親を求め、親が子を求める」という素直な愛にあることを教えている経典なのだ。

子供の痛みを自分の痛みとして感じられるか

『父母恩重経』には「母に悲恩《ひおん》あり」という言葉がある。子供の悲しみや苦しみを感じとり、こまやかな愛情を注ぐことに関しては、父親は母親にかなわないという意味である。

明治時代、東北地方では凶作が相次いで重大な食糧危機に見舞われ、多くの餓死者を出した。追いつめられた農家では娘を娼婦として売り、その金で危機を乗り越えたという。それすらもできない人たちは、死ぬのを待つしかなかった。

そんな東北の惨状を調査するために、政府から役人が派遣された。路上には餓死者のなきがらが放置されたままで、家の軒先には死んだ子を抱いたままの母親や父親の遺骸にとりすがって泣いている子供もいる。地獄絵図とは、まさにこのことであった。

そんななか、元気に遊んでいる男の子が一人いた。不思議に思った役人は、少年の家を訪ねた。玄関口に立った役人は「ごめんください」と声をかけるが、返事はない。家の中には、何やらいやな匂いが漂っていた。役人は再度声をかけた。狭いつくりの家なので奥まで声が届くはずなのだが、やはり誰も答えない。

しばらくして、か細い女性の声がした。

「どなたさまですか」「私は県庁の役人です。視察でこのあたりを通っていたら、おたくの子供さんは元気が良いので、どういう食事をさせているのか聞きたいのです」

病床に伏せったままの母親は「普通にものを食べさせているだけです」と言うだけで、詳しい話をしてくれない。役人はますます不審に思って「どうか聞かせてほしい」と食いさがった。役人の根気に負けた母親は、とうとう重い口を開いた。

「もう私は死んでも惜しいことはありません。しかし子供を餓死させてはならないと考えて、思い切って私の太ももの肉を切り、あの子に与えたのです」

これを一昨日の夜、外から帰ってきた子供に食べさせたところ、何も知らない子供は大喜びしたそうだ。「自分の食べているのが親の肉とは知らず、また、それを食べることがどんなに不孝かとも知らず、うまいうまいと言っている笑顔を見ると不憫《ふびん》でなりませんでした」と母親は涙ながらに語った。

しかし、子供は翌日も空腹を訴える。母親は意を決して、もう片方の股の肉を切って与えた。手当てをしようにもなすすべなく、力尽きていたところへ役人が訪れたのだ。驚いた役人はすぐに医者をよび、子供を自分の手元に預かった。母親は「ご恩は死んでも忘れません」と何度も頭を下げていたが、手当ての甲斐《かい》もなくそのまま亡くなった。

この自己犠牲の愛情こそ、「母の心」そのものといえる。わが子を生かすために、文字どおり身を削ってまで食事を与えるという行為は、産みの苦しみを経験した母親にしかできないことかもしれない。

ひるがえって現代の母親たちを見てみよう。

毎夏、母親がパチンコに熱中しているあいだに露天駐車場のクルマに置き去りにされた子供が熱射病で死んでしまうという痛ましい事件が起きている。この母親たちはパチンコに熱中するあまり、子供のことをすっかり失念していたそうだ。

子供への関心が少ないというのも一種の「虐待」だが、子供を「虐待」する親自身が心に傷を持っているケースも多い。大人になりきれない親たちが、肉体的にも精神的にも子供たちを傷つけてしまうのである。

パチンコに熱中している親は、子への愛情がなかったわけではない。原因は、子供への愛情が足りなかったことに尽きる。子供のことを充分に気にかけていれば、このような痛ましい事件は回避できたはずだ。自らの不注意で子供を失ってしまった親は生涯、その後悔を背負って生きなければならない。

子供の心は親の愛情によって大きく育つ。愛されているという満ち足りた気持ちが、健やかで明るい生命を育むのである。

愛情とは、子供の感情を受け止めることにほかならない。どれだけ愛情を注ごうとも、子供の成長には害とはならない。愛されているという思いが子供たちの生きる力になるからだ。このように、子供は両親の愛情をいっぱいに受けることによって、健全でしっかりとした精神を養っていくのである。

その一方で、過度な親の愛情が子供の自立心を妨げるのではないか、との懸念があるかもしれない。しかし、過保護と愛情とは別ものである。たっぷりの愛情を注ぐこととしっかりした心をつくることとは、相反するものではない。

むしろ、愛情の不足こそが過保護をもたらすものと私は思っている。愛情とは親子のあいだの信頼である。親が子供を信頼していれば、干渉しすぎたり、保護しすぎたりということはない。子供が頼りないから親が守るという考えを改めない限り、子供はいつまでたっても一人立ちできまいし、親も子離れが難しくなってしまう。

いまの母親たちが「こんなに愛情を注いでいるのに」とこぼしているのをよく耳にするが、自分の胸に手を当てて、「本当にそうかな」と考えていただきたい。自分の都合だけで子供に接していないか、子供の気持ちをちゃんと受け止めているか、と。

たとえば子供が何かの不安に襲われているときには、無条件に抱きしめて、まず落ちつかせてやることが先決となる。こんなとき、「どうしたの」としつこく聞こうとする親がいるが、説明できないほど動揺している子供に、言葉で語らせようとするのは無理がある。子供は言葉で説明するよりも、泣いたり笑ったりという感覚で表現するほうが得意だからだ。

かといって、子供が動揺しているのに何もしないのは、もっとよくない。

「うちは過保護にしないために放任している」という母親もいるが、子供の心身を「解放」することと、何もしない「放任」は別ものである。子供を突き「放」して自由気ままにさせ、その自主性に行動を「任」せるというのは、それを見守る親の心、責任感が欠けているのである。突き放すのでも、甘やかすのでもなく、貴い宝物として育てる。いま、その親の心が足りなくなっているのだと思う。

動揺した子供の心を、自分の痛みとして感じ取るのが母親の役割である。そして母親にもともと備わっている「同悲」の心情こそが「母性」というものではないだろうか。

父親にはこれだけのことが必ずできる

心理学の用語に「エディプス・コンプレックス」がある。有名な心理学者のフロイトの説だ。

フロイトによれば、三歳から六歳くらいまでの時期（エディプス期）に、子供はものごとを概念化したりイメージ化できるようになるという。このエディプス期は性的な関心が芽生えてくる時期である。一番身近にいる異性として、男の子は母親に関心を持つそうだ。そして無意識のうちに男の子は父親をライバルと感じると同時に、父親への畏敬の念も育てるのである。

ここではじめて、子供は自分の感情の中で葛藤《かっとう》をおぼえる。父親をライバルとして敵視すべきなのか、尊敬の対象として服従すべきなのか、その二律背反する自分の感情に悩むわけだ。これも人間の情緒の発達に必要な段階の一つだとフロイトは教えている。

このエディプス期は、自分と他人という意識がはっきりしてくる時期でもある。だから、この段階で子供が父親という存在をどのように思うかは、その後の人格形成のとても重要な鍵を握っているのである。

現代は「エディプスなき社会」といわれている。管理社会が発達して仕事に忙しい父親が子供と顔を合わせる機会がなくなり、父親不在の家庭が増えたからだそうだ。この現象の背景には、日本の家族のあり方、核家族化が大きくかかわっている。

かつては父親が忙しくても、父親に代わって子供を客観的な立場から見守ることができる存在——祖父母や叔父・叔母、兄弟姉妹、あるいは隣人や町内の人たち——が子供の身近にいた。そうした人たちが、子供たちに社会というものを知らず知らずに教えてくれていたのだ。

しかし、核家族化の進んだ現在では父親の代わりになる存在が見あたらず、父親の存在感が薄い家庭では子供がエディプス期の葛藤を経験できなくなってしまった。だから往々にして、自分と社会との距離感をつかめない子供が育つことになる。

昨今の少年犯罪や家庭内暴力は、父親がエリートの家庭に多いといわれている。父親がエリートだから子供の心がバランスを失うのではない。むしろ夜遅く酔って帰宅する父親の姿ばかりを見て幻滅を抱いてしまったり、父親が息子に対して「勉強して俺と同じようにエリートコースを歩め」と自分の価値観を一方的に押しつけると、子供たちの心に深い傷をつくってしまう。

飲めないのに無理して接待を続けて、自宅に何とかたどりついた途端に気が緩んで妻に抱えられて寝てしまう。そんな姿ばかりを見ていたのでは子供だってやりきれない。子は親の背中を見て育つものだ。父親は仕事の場で全力を尽くすだけではなく、どんなにつらくともひと踏ん張りして、自分が精一杯生きている姿を身をもって子供に示さなければならない。子供に心を伝えるのは行動で示すしかないのだ。

真面目だが自己主張をせずに黙々と働き、金を稼ぐのが自分の義務だ、仕事が生き甲斐だと考えている父親がとても多い。たいへん健気《けなげ》な父親像だが、子供の目にはどう映っているのだろうか。

ほとんどのサラリーマンは毎週二連休の休暇をもらっても、余暇の過ごし方に困っているそうだ。一日はぐっすりと眠って過ごし、あとは身の置きどころがない。仕方がないから近くのパチンコ屋かゴルフ練習場に出かけてしまう。長いあいだ会社人間として過ごしてきたため、定年になって家庭の役に立とうと思ってもやることがない。そもそも家庭の中に自らの身の置き場がないというのが平均的なサラリーマンのようである。

子供は、そんな父親の生活ぶりをじっと見つめている。現代の「父親軽視」の風潮は、ここに原因がある。まるで追い出されるようにして出かける父親、子供はこういう親をけっして尊敬しないから、人間形成に大切な葛藤も起こらないのである。

では父親の権威を取り戻すためにはどうすればよいのであろうか。

私は常々、こういう話をしている。子供にカミナリを落とすのが父親の役目であり、なぜ父親が怒ったのかを子供に教え、温かく包み込むのが母親の役目である。家庭の支柱はあくまでも父親なのだ。この原理ははるか昔から変わらない。

『父母恩重経』で先に述べた「母に悲恩あり」と対になっている言葉が、「父に慈恩《じおん》あり」である。子供の心情を察するのは母親が長《た》けているが、子供がおかれている状況をマクロ的に判断して対処できるのは父親であろう。子供を正しい道に導く愛情こそ、「父の慈恩」というものだ。

父親の権威を回復するためには、母親の協力が必要不可欠となる。平生《へいぜい》から母親が父親をダメな男として扱っていながら、いざというときに「お父さん、たまにはきつく叱ってやってくださいよ」では、子供も言うことを聞かないのが当然である。現代の家庭崩壊の主因は、父親が「見えない」こと、母親が子供の前で父親をけなすことにあるという。これでは家庭の大事な柱が文字どおり、「腐り倒れ」てしまう。

あげくには、母親からいつもガミガミ言われている父親から理不尽な暴力をふるわれたら、子供は完全に逃げ場を失ってしまう。父親が怒るときは、心の底に強い慈愛をもって叱らなければならない。

男が偉いとか、かつての家父長制がよいといっているのではない。家庭には役割分担があり、父親と母親にはそれぞれ異なる責任が生じていることを認識してほしいのだ。

男女同権の世の中の到来は非常に喜ぶべきだが、家庭の中の役割分担を均等にするのが同権ではあるまい。父親は上から黙って妻子を見守り、いざとなったら手を差しのべる。古いといわれるかもしれないが、そのほうが子供は素直に育つものだ。

それでは子供には何ができるのか

『父母恩重経』には、結婚して家庭を持った息子が、老いた両親を粗末に扱っている様子を描いたくだりがある。

「子供は父母のことを少しも気にしなくなり、連れに先立たれた親が子供をよぶと、子供は目を三角にして怒るのです。

こうなると、嫁や孫まで一緒になってまねをしてののしるようになり、親が急な用事があって子供をよんでも、十回のうち九回は返事をしません。

床に臥《ふ》している父や母に向かって、何でよび寄せたのだと怒声を吐き、枕元に立ったまま、『おいぼれて生き永らえるよりは、早く死んでしまえ』とののしります」

昨今の家庭崩壊の図といえよう。

「親がうるさくて……」というグチをこぼす子供は、親の心を受け止めていないことが多いものだ。もちろん子供の都合を考えずに何度もよびたてる親もまた、子供の心を真剣に受け止めていない。

なぜ、互いが心を通わせることができないのかというと、それは心に余裕がないからである。心に〝ゆとり〟があれば子供が親をののしることもないし、親も子供を何度もよびつけたりはしないであろう。

仏教とは調和の教えであり、調和とは生命の本質である。片方が満ちていても、片方が欠けてしまっていては何もならない。夫婦や親子は互いを慮《おもんぱか》り、助け合わなければならない。夫が親をののしったら妻はこれをさとし、妻が親につらくあたったら、夫はこれをいさめる。父親が子供を厳しく叱ったら、母親が慰めてあげる。逆に母親が子供を間違えた方向に導きそうになったら、父親は軌道修正をしてやる必要があるのだ。

手のひらを見つめていただきたい。五本の指があって、私たちが何かをするたびに指が動いてくれる。五本の中でどの指が「中心」かといえば、一見、真ん中の中指のように見えるが、実は親指が「中心」となっている。親指の姿はけっしてスマートとはいえまい。節も一本足らないし、ずんぐりしていて不格好でもある。しかも一本だけ隅のほうに寄せられて、まるで邪魔者扱いされているかのようだ。

だが親指は、なくてはならない指である。中指を怪我したとしようか。中指は中心ではないから、中指なしでもお茶を飲むことができるし、字を書くこともできる。ほかの指も同様だが、親指を怪我したと考えてみていただきたい。どんなに不自由であろうか。親指とほかの指とをそれぞれ合わせることはできるが、ほかの四本はお互いに腹を合わせることはできない。親指を抜きにしては何かをつかむのも不自由だし、力に背いた動きになるので、いらぬところに力が入ってしまう。親指に怪我をするとどういうわけか肩が凝ったり、腕の筋が痛くなったりするのは、そうした不自由な動きをしているからなのである。

親とはまさに、親指である。親指が力を添えてくれている「おかげ」を、私たちは忘れてはならない。

老いた親が救いを求めているとき、息子や嫁、孫までが一緒になって親をのけ者にしたのでは、まるで親指以外の四本の指が並んで動いているようなもので、家庭はうまく機能しない。そんな状態では大切なものをつかむことはできないし、手のひらからこぼれ落ちてしまうことを、わが手を見ながら考えてみていただきたい。

み仏の恩は、親の恩と同じである。親は先祖から恩を受けて、それを子供に引き継いでいる。私たちがこうして生きていられるのは、み仏や先祖、そして両親が私たちを守ってくださるからなのだ。

私たちは父母に十の恩がある。

懐胎守護《かいたいしゅご》の恩（十カ月ものあいだ、腹の中で育ててくれた恩）
臨産受苦《りんさんじゅく》の恩（産むときの苦しみに耐えてくれた恩）
生子忘憂《しょうしもうう》の恩（丈夫に産んでくれた恩）
乳哺養育《にゅうほよういく》の恩（お乳を飲ませ、育ててくれた恩）
廻乾就湿《えけんしゅうしつ》の恩（おしめを替えてくれた恩）
洗灌不浄《せんかんふじょう》の恩（身のまわりを清潔に保ってくれる恩）
嚥苦吐甘《えんくとかん》の恩（子供にだけおいしいものを食べさせてくれる恩）
為造悪業《いぞうあくごう》の恩（子供のためなら悪事もいとわない親の恩）
遠行憶念《おんぎょうおくねん》の恩（遠く離れていても気づかってくれる恩）
究竟憐愍《くきょうれんみん》の恩（生ある限り心配してくれる恩）

私たちは、さまざまな人たちの目に見えない「おかげ」によって生きている。自分を産んでくれた両親の「おかげ」、先祖が両親を産んでくれた「おかげ」、そして生命力を与えてくれたみ仏の「おかげ」。これらの「おかげ」に気づくことができれば、周囲のものに対して深い感謝の念を持つことができるであろう。

父母の愛情や自分たちを産んでくれた先祖、父母に対して深い感謝の念を抱く。これこそが何よりの「親孝行」であり「先祖供養」になるのである。

第十章　凶悪霊と守護霊を考える

何をしてもダメな人には凶悪霊が憑いている

何をやってもうまくいかない人がいる。万事、順調に進んでいるように見えても肝腎なところで邪魔がはいったり、予想外のアクシデントが起きてしまう。本当にツイていない人の先祖には、他人に大きな迷惑をかけて恨みを買った人、善くないことをしてきた人が多いということだ。

いわれのない不運や不幸に見舞われるとき、そこには必ず何かしらの原因がある。それは往々にして一般の知識や常識を超えたところに存在する。これがいわゆる霊障《れいしょう》（凶悪霊に取り憑《つ》かれたために起こる障害）である。

それでは、人に不運をもたらす凶悪霊の正体とはいったい何であろうか。

凶悪霊とは生前の悪業《あくごう》の報いによって「地獄界」、「餓鬼界」、「畜生界」の「三悪道《さんあくどう》」に堕《お》ちた霊のことだ。「三悪道」に堕ちた霊は自力ではいあがることはできない。だから成仏《じょうぶつ》するためには現世に生きている人に頼るほかないのである。

彼らは「誰か私を成仏させて、この苦しみから救ってくれ」と叫び続けている。こうした凶悪霊は、「溺れるものは藁《わら》をもつかむ」という言葉どおり、誰かに必死になってしがみついてくるのだ。泳いでいる最中に、突然泳げない人にしがみつかれては、たまったものではない。突き放そうとすればするほど、渾身《こんしん》の力を込めて抱きついてくる。これをふりほどくには、強靭な肉体と精神力が必要になる。でなければ、一緒に沈むほかはない。

不運に見舞われている人は、まさに凶悪霊と一緒に沈みそうになっている人だといえるであろう。

では、どんな人が凶悪霊に取り憑かれやすいのかというと、皮肉なようだが、気持ちのやさしい人や霊感の鋭い人、信仰心の篤《あつ》い人が多い。見知らぬ土地で道を尋ねるときは、何となくやさしそうな人を選んで声をかけるのと同じように、凶悪霊も自分を救ってくれそうな人を選ぶ。

このように書くと、「信仰心が篤く、感受性にすぐれ、心のやさしい人が凶悪霊に取り憑かれやすいなら、何も信じないで冷酷に生きるほうがいいのではないか」と考える人がいるかもしれない。

たしかに、鈍感で包容力もなく、神仏を信じない人なら凶悪霊も敬遠するだろう。しかし「冷たく、鈍く、何も信じない人」が幸せな人生を送ることができるだろうか。こういう人は霊にさえ嫌われているくらいだから、周囲の人に好かれるはずがない。

凶悪霊は私たちを困らせるために取り憑くのではなく、なんとか成仏したくて私たちにすがってくるのである。助けを求めている人を救う、これに勝る功徳《くどく》はない。だから凶悪霊を「三悪道」から救って成仏させてあげることは、その人の功徳となり、また善行になるといえる。実際問題として凶悪霊に取り憑かれるのは大変なことだが、その半面では、自分を高める絶好のチャンスだと考えることもできるわけだ。

では、実際に凶悪霊を成仏させてあげるには、どうすればよいのであろうか。

実はそう難しいことではない。善行を積んで「慈悲」の心で周囲の人に接し、苦境に陥ったときは自分を鼓舞《こぶ》すればよい。そうすれば凶悪霊は、あなたの明るく燃えている心に照らされて成仏する。しかも「善行」と「慈悲」の心で浄化された凶悪霊は、無事に成仏すると今度は強力な守護霊となって、あなたを守ってくれるのである。

先祖を敬う心が自分の「根」に栄養を与える

人は誰でも、その背後に無数の先祖を控えている。一国の宰相であれ、凶悪な犯罪者であれ、みな両親がいなければこの世に存在することはない。その両親もまた、二人の親がいなければ生まれることはなかった。このように、連綿と続く先祖たちの長い歴史の上に私たちは立っているのである。

私たちの先祖は、とうの昔に亡くなっている。しかし亡くなったからといって、けっして無に帰したわけではない。先祖の霊は守護霊となって、私たちを常に見守っている。ただし、ひと口に霊といっても世の中にさまざまな人がいるように、先祖にもさまざまな人がいる。子孫が繁栄するようにしっかりと見守って幸運に導いてくれたり、窮地から救ってくれる守護霊もいれば、自らの悪業のために成仏できずに子孫にとりすがってくる凶悪霊もいるのだ。

先祖にどれだけ良い霊を持つかによって、人の運命は決まってくる。先祖代々、社会に尽くし、人のためになることをした先祖の霊は、強い守護霊となってその子孫を守ってくれる。

これに対して、祖先をないがしろにしていたり、悪業《あくごう》を積んでいる祖先を持つ家は成仏できない霊を数多く抱えて、何をしてもうまくいかなくなるのだ。

こうした運命に従って、人は先祖の徳という〝預金通帳〟を持っていると考えればわかりやすい。その残高は、先祖が現世でどのような徳を積んできたかによって決まる。先祖が世のため人のために善行を積んでいれば残高はプラスになっているし、他人を傷つけたり殺したりしているとマイナスになっている。このように、〝預金通帳〟は生まれ出た時点でプラスになっていることもあれば、ゼロの場合もあり、ときにはマイナスからスタートするというケースさえあるわけだ。

私たちの運勢は、この預金通帳の残高にも影響される。だが、この〝預金通帳〟が絶対というわけではない。せっかく先祖が残してくれた財産も、子孫が働かなければあっという間に消えてしまう。逆に善行を積むことによってマイナスをプラスにすることも可能となる。本人の努力しだいで自分の運勢を変えられる、というわけである。

私たちは善行を積むことによって、〝預金通帳〟に預金をしていかなければならない。先祖が与えてくれた預金通帳をつかいっぱなしにしていたのでは、いずれ底をついてしまう。つかったら必ず補充しておくことが必要なのだ。善行といっても、なにも肩ひじ張る必要などない。前述したように、自分のできる範囲内でよいから、他人のためになることをすればよい。

善行はまだほかにもある。たとえば先祖供養、これはそんなに難しいことではない。毎日、先祖に感謝の心をあらわせばよいのだが、それには仏壇が必要になってくる。

抹香くさいイメージがある仏壇だが、家の中にある仏壇は「心の窓」のような役割を果たしている。そこを開ければ、いつでも先祖とつながることができる。逆に仏壇のない家は、窓のない光の射さない真っ暗な家と同じだといえる。どんなに豪華な家具を取り揃えてきれいに飾っていても、窓がなければ誰しも息苦しさを感じるのではないか。

仏壇とは一家の精神的な支柱だといえよう。親を亡くした人は仏壇に向かって日々拝むことで両親と交流できるし、そうすることによって心が満たされて、清々しい気持ちで一日を送ることができる。

仏壇を求めるといっても、なにも高価なものは必要ない。粗末なもので充分である。みかん箱に灯明《とうみよう》だけでもかまわない。私も修行僧だったころは、和紙を張り付けて「先祖代々之霊」と書いた位牌を小さな箱に載せ、水をお供えして朝晩拝んでいたものだ。金額の多寡《たか》は問題ではなく、先祖を敬愛する真心こそが大切なのである。

先祖とは、木にたとえれば土中に隠されている「根」のようなものだ。どんな植物も「根」に「栄養」が行き渡らなければ枯れてしまう。植物に水と栄養を与えるように、先祖供養とは私たちの「根」であるルーツそのものに「栄養」を与えることにほかならないのである。

私たちは先人の「おかげ」で生きているのだから

お釈迦様の高弟に目蓮《もくれん》尊者という方がいる。あるとき、神通力《じんつうりき》で六界をのぞいたところ、自分の母親が餓鬼道で苦しんでいるのを見てしまった。驚き悲しんだ目蓮尊者は、お釈迦様に相談した。お釈迦様が言うには、夫を失った極貧の暮らしの中でわが子を立派に育てたいという一心から、目蓮の母は盗みを働いたり、不正をおこなっていた。その罪で母親は餓鬼道に堕ちたのだ。

目蓮尊者はお釈迦様に「母を救うことはできないか」と尋ねた。お釈迦様は「母の苦しみを救うためには、息子である目蓮尊者が母に代わって罪を償《つぐな》うしかない。そのために、大勢の人に食べ物の布施をして善行を積むように」と教えた。その言葉にしたがって目蓮尊者が各地で布施をおこなった結果、母親は餓鬼界から脱し、成仏したのである。

そこで目蓮尊者はお釈迦様にお礼を述べるとともに、こんな提案をした。

「おかげさまで、私の母は飢えの苦しみから救われました。言葉では言い尽くせない感謝の念に満たされています。今後、孝順（親孝行し、親の意に従順であること）を願う者があるならば盂蘭盆会《うらぼんえ》をおこなって、亡き父母や祖先を供養してはどうでしょうか」

お釈迦様はこれを許し、「お盆」の原点になったといわれている。

目蓮尊者の母親は生前の悪業のために餓鬼道に堕ちて、凶悪霊になりかけていた。しかし、息子である目蓮尊者が積んだ善行によって、母親は成仏することができた。それは目蓮尊者が、母親に対して深い「慈悲」と強い感謝の念を持っていたからにほかならない。いまここに自分がいるのは母親の「おかげ」であることを、目蓮尊者は十分に認識していたのである。

現代の日本人は「飽食」のもとで育てられ、平穏に食べられる毎日が当たり前になっている。そのせいか現在の生活が誰かの「おかげ」で成り立っていること、自分がいろいろな人や周囲のものに助けられながら生きているということが実感できにくくなった。

そのために、「この世は自分一人の力で生きていける」という傲慢《ごうまん》な考え方が支配的になってしまった。これでは〝預金通帳〟の残高は減る一方である。もし何らかの問題を抱えている人が少しでも周囲の人のことを考えて、日ごろの「おかげ」を実感したら、それだけで多くの悩みが解決することであろう。

私たちは「何かに感謝する」という気持ちを忘れかけている。日常生活では気軽に「ありがとう」と口に出すが、心からではなく挨拶程度にしかつかっていない。本当に感謝するということは、「おかげ」を感じることである。この仕事をしているのはあの人のおかげ、無事に大人になれたのは両親のおかげ、生まれてきたのは先祖のおかげ、といった具合だ。

現代の日本人の意識からすっぽりと抜け落ちてしまったのが、この「おかげ」の気持ちなのである。戦後五十年をゆうに過ぎて、戦時体験を語れる人も少なくなってきた。子供たちは半世紀以上も前の戦争を知るはずもない。今日の平和をもたらしてくれたのは、戦争で亡くなったり、戦後の廃墟から再出発した人々なのである。自分たちの未来を犠牲にして、今日の日本の礎《いしずえ》をつくってくれた五十年前の人々の「おかげ」を、今の若い人たちに伝えなければならない。

私たち自身も含めた身のまわりのものに、先人の「おかげ」のないものは存在しない。

肉体はもちろん、文明や文化、科学技術、宗教の教えなど、あらゆるものを私たちは先達から無償で譲り受けている。だが「先祖供養」、その言葉さえ最近では耳にしなくなった。これらは日本人が持っていた美徳の一つなのに忘れ去られようとしているのは、自分が僧侶であることを差し引いても寂しいかぎりである。

父母の「おかげ」に素直に感謝する。実に簡単なことだが、現代の心から急速に忘れ去られつつある。

弘法大師は『性霊集《しょうりょうしゅう》』の中で、肉親の情について次のように教えている。

「心肝は父に離《わか》れ、母に離《わか》るる哭《こく》に爛《ただ》れ、涕涙《ているい》は俱《とも》に喪う悲しみに溢《み》てり」。これは、「父や母と別れれば内臓がただれるほどに悲しむし、妻や子供を亡くせば涙も涸《か》れんばかりに泣き叫ぶものだ」ということだ。

どんなに苦しいときにもわが子を見捨てないのが肉親というものであろう。自分が何歳になろうとも、子供を心配しない親はない。子供が失敗すれば心配し、また成功してもその後を気にかけるものだ。

「心の喪失」がいわれている現代だが、篤《あつ》い両親の情まで失われたとは思えない。この感情こそ、あらゆる生命が次世代に命を紡いでいくために必要だからである。なのになぜ、「親孝行」や「先祖供養」といったことの大切さがおもてに出てこないのだろうか。それは「親孝行」や「先祖供養」という「行為」は、教えるものではなく見せるものだからだ。親が「孝行」と「供養」を実践しているのを見ながら、子供たちはおぼえていく。両親が親を思う姿を見て、子供は、親と子はどうあるべきかを学んでいく。両親につれられて寺に来た幼児は、両親にならって手をあわせて祈っているではないか。

毎日墓参りをしたり、年老いた親の面倒をつきっきりで看《み》ろといっているのではない。まずは「親孝行」を日ごろから実行することが大事なのだ。

どんなにささやかなことでもかまわない。郷里の両親に電話を一本入れてみるのも、葉書を出してみるのもよい。仏壇に毎日きちんと手を合わせて拝むとか、近所のおすそわけを仏前に供えるなど、親や先祖に感謝の念をあらわす方法はいくらでもあるはずだ。

このような行動を両親が子供の前でとれば、それを見て子供は真似し、やがては「親孝行」と「先祖供養」を心得た大人に成長していく。

飼い猫はネズミを捕らないという。猫は必ずネズミを捕まえて食べるのが常識だと思っている方が多いと思うが、親猫が教えなければ子猫は苦労をしてまで逃げていくネズミを捕まえない。また、人間から餌を与えられるだけの飼い猫は、子供の育て方を知らずに大人の猫になる。母性は本能だというが、人間に飼い慣らされた猫の中には、自分が母猫になったとき、乳の飲ませ方がわからなくなる猫もいるそうだ。

子供というものは、先入観なく教えを受け入れる素地を持っている。幼いころに親の孝行を見て、その大切さを聞かされることで、より素直に受け止めるようになる。「親孝行」は社会を形成するもっとも基本的な情である。これを真っ正面から子供たちに伝えなければ、日本の社会の良き伝統が根底から消えてしまうであろう。

両親と祖先に対して感謝の念を抱くことのできない人が、他人に感謝することができるだろうか。他人に感謝できる人には、必ず幸運が訪れる。こういう人は自分で引き寄せた幸運を誰かの「おかげ」だと考えることができるのだ。

感謝を忘れない人は次の機会にも幸運に恵まれるし、何よりも大事なことに、人に好かれる。そうして〝預金通帳〟の残高は増えていくのである。

「慈悲」の心をもって他人のために尽くし、常に「おかげ」という感謝の気持ちを持ち合わせていれば、それが善行という栄養となって先祖の霊格を高めて、自分とその家族を守ってくれるのだ。

これを実践することが幸せにつながるということを、肝に銘じておいていただきたい。

第十一章　「死」とは「生」を映す鏡

「生」への執着が深いほど「死」への恐怖も大きい

なぜ、人は「死」を恐れるのであろうか。

「死」を恐れるのは人間だけではない。動物もまた「死」を恐れる。

生物が「死」に対して恐怖感を抱くのは、ごく自然なことである。「子孫を残したい」という生物の欲求が本能だとすれば、その裏返しである「死を避けたい」という感情も本能だといえるからだ。

草食動物の大半は集団で生活をしている。集団でいたほうが肉食動物に襲われにくく、また襲われても集団の中に身をおいていれば、「死」の確率は格段に下がるからである。生き物が群生する習性は、自分たちの安全を確保するための一つの手段であり、同時に外敵から身を守るための智慧《ちえ》でもあるのだ。

「死」を恐れるのは植物も同様である。樵《きこり》が斧《おの》や鉈《なた》を持って森の中を歩くと、風も吹いていないのに木々がざわつくという。ところが同じ樵でも、斧や鉈を持たずに歩けば、木々は何の反応も示さない。植物には目や耳といった感覚器官はないが、自分を傷つけたり、命を奪おうとする存在を敏感に察知し、恐怖を覚えるのだそうだ。また、どんな植物も自分たちが繁殖するのに最適の環境を求めて根を張り、枝を伸ばし、種子を蒔《ま》こうとする。「種《しゅ》の保存」とはすべての生命に共通する本能なのだ。

しかし、人間が動物や植物と大きく異なるのは、「生」に対してより強い「執着心」を持っているという点だ。私たちが抱いている執着心とは、心の奥深いところにあるものである。これをユングは「深層無意識」といっている。

私たちにはさまざまな執着心がある。いまの仕事をずっと続けたいとか、仕事や友人、異性、財産などを失いたくないという気持ちがある。執着のあるものすべてと別れるという「死」に接したとき、人は「拒絶感」を感じる。私たちが「死」を恐れる感情とは「死」への恐怖というよりも、この世の執着の裏返された感情といえるであろう。

心の中にある「我欲《がよく》」にとらわれればとらわれるほど、人は「死」に対して強い恐怖を抱くようになる。このように、執着心によって「死」に対する恐怖が増減するわけだから、逆に考えれば、心の持ち方によって「死」への恐怖はコントロールが可能だともいえる。

第二次世界大戦の末期、日本軍は決死の体当たり作戦を展開した。爆薬を詰め込んだ戦闘戦で敵艦に体当たりしたり、爆弾を身体に縛りつけた兵士が敵の戦車の下にもぐり込んで爆破するという戦法である。前者はいわゆる「神風特攻隊」とよばれるものだ。

彼らはなぜ「死」に対して恐れを抱かなかったのであろう。それは当時の天皇に命を捧げるという「名誉」や御国《みくに》のために死ぬという「使命感」が、「生」への執着を断ち切っていたからではないだろうか。

「生」への執着を断ち切るのは、「名誉」や「使命感」だけではない。自分の子供が川で溺れているのを見て、泳ぎのまったくできない母親がわが子を助けようと川に飛び込み、結果的にはその母親が溺れ死んでしまったという事件があった。わが子を助けようとする、文字どおり「必死」の心が、「死」への恐怖を打ち消したのである。

純真な若者の命を奪う「神風特攻隊」はほめられた作戦ではないが、この特攻隊にせよ、川に飛び込んだ母親にせよ、彼らの心中には「我欲」がなかったことだけは確かであろう。自らの命を捨てて、多くの他の人を生かすことしか考えていなかったのだ。ある意味では、み仏に近い境地だといえる。

「死」がこわくないという人はいない。「死」は自分ひとりで迎えるものである以上、それを克服するのも一個人の問題である。要するに「死」を恐れるか恐れないかは、民族や国籍、立場、境遇とは関係がなく、その瞬間における心の問題なのだ。

いま、子供たちの自殺が多発している。「死」という現実は本人だけのものではなく、残された周囲の人たちと共有するものだ。「死」にはその人を亡くした親族や多くの人々の悲しみ、苦しみや寂しさが伴う。「自分勝手に生きたから、自分勝手に死ぬ」というのでは、あまりに寂しすぎる生き方、死に方ではないだろうか。

「死」を超克する方法はあるのか

同じ「死ぬ」でも、「あの世」の存在を信じ、次の人生の出発点ととらえてその瞬間を迎える人と、「死後は何もない。無に帰るだけだ」と恐れおののいて苦しみながら「死」を迎える人とでは、残された人たちに与える影響もおのずと違ってくる。

「死ぬときの様子がどうであろうとも、死ぬことに変わりはない」という人がいるかもしれない。果たして、そうだろうか。安らかに亡くなっていく人もいれば、のたうちまわって苦しみながら死ぬ人もいる。安らかな死に方であれば「極楽に行った」と思うし、苦しみながら死んでいったときは「地獄に堕ちたのではないか」との懸念を抱くだろう。

人間の「死」で問題になるのは、現世に「悪念」を残しているかどうかだ。苦しみながら死んだり、事故に遭って不慮の死を遂げた人の魂は、仕事や家族などへのさまざまな「執着」をこの世に残している。良い想念は残された人を守り、悪念が凶悪霊となって私たちに助けを求めてくる。

現世に悔いを残しているかどうかは、その人の臨終《りんじゅう》の相（死んだときの顔つき）を見ればわかる。成仏をした方の相はとても穏やかで、いまにも笑い出しそうな顔をしていることさえある。そうした相を見ると、その人が良い人生を送った人であることがわかる。逆に他人を偽って生きてきた人、我欲にとらわれながら生きてきた人、あるいは凶悪霊に取り憑かれて非業の死を遂げた人の場合は、顔や身体が腫《は》れあがったり、鬱血《うっけつ》することがある。

生きているあいだは表面を取り繕って周囲の人を欺《あざむ》くこともできるが、末期《まつご》の瞬間はごまかしがきかない。その人がどのように生きていたかが、まさに如実《にょじつ》にあらわれるのである。

人は往々にして、逆境や苦境にいるときに本性を露呈するものである。体調が悪いとき、疲れているとき、気分が乗らないときにどう行動したかによって、その人の価値や評価が決まるといっても過言ではない。ましてや生涯で最大の経験である「死」に対したときは言うまでもない。その価値や評価のすべてが、その人の〃死にざま〃にあらわれるのである。

こんな話がある。私の知り合いに、説法が非常に上手で、それまでに多くの死者を極楽浄土に導いてきたお坊さんがいた。彼は病気で入院したのだが、病状は日に日に悪化し、ついには余命いくばくもないという状態に陥った。そして、いざ「死」を間近に迎えたとき、彼は「死にたくない、死にたくない」と言いながら、すさまじい形相を呈して亡くなった。また、周囲から「あの人は人格円満で思慮深く、すばらしい人だ」と評判だった人が、苦しみに苦しんで、現世に抱えきれないほどの思いを残した苦悶の死に顔で亡くなることもある。逆に、「嫌なやつだった」「悪い人だ」と思われていた人が、穏やかな相で亡くなっていくこともあるのだ。

では、七転八倒して苦しみ抜いたあげく死を迎えた人と、眠るように大往生した人との差は、どこから生じるのだろうか。

それは先にも触れたように、生前の生き方によるものである。偉くなったり、地位の高い人がよいのではない。むしろ逆で、他人に迷惑をかけず自然体で、自分の存在さえ他人の邪魔にならないような、いわば宮沢賢治の「雨ニモ負ケズ」というような人生を送った人が良い死を迎えている。そういう人は、長生きした人でも、若くして亡くなった人でも、「死」に際しては安らかなものだ。

人間が生きていく限り、その終着点には必ず「死」が待っている。その瞬間まで充実した人生を過ごすことが私たちが「生」を受けた意味であり、み仏の念願なのだ。

「いつ自分は死ぬのだろうか」「あした、交通事故に遭うかもしれない」「この瞬間も、自分の身体を病魔がむしばんでいるかもしれない」、毎日そんなことばかり考えていると心が暗くなってしまうし、生きていることそのものが「苦」になってしまうであろう。

しかし、だからといって「死」を忌避《きひ》してはいけない。「死」を遠ざけるのではなく身近なものと考えて常日頃から準備をしておくことが大切だ。そうすれば、「死」を厭《いと》うことはないし、むしろ恬淡《てんたん》としてその瞬間を受け容れることができる。

密教では、肉体は滅びても魂は残り、再び新しい生を受けてこの世に戻ってくると教えている。それはちょうど、服を着替えるようなものと考えればよい。現世で着ている服がぼろぼろになったが、また着替えて生まれ変われる。「死ぬ」ということは、服を着替えに実相の世界へ帰るだけなのだ——こういう気持ちを持てるようになれば、「死」はいささかもこわくはない。

「死ぬこと」を当たり前として受け止め、毎日を明るく前向きに生きることが大切なのだ。仕事も遊びも生活も、自分に恥じないように一所懸命に打ち込めば、人生も楽しくなる。不意に「死」が訪れても「あるがまま」に受け容れることができる。自分の生き方に誇りを持って、悔いのない人生を送ること。それが「死」を超克する唯一の方法だと思う。

尊厳死と安楽死のはざまで

いま、「尊厳死」と「安楽死」の是非が大きな問題になっているが、私は「尊厳死」についてはは認めてもよいのではないかと考えている。現在の医療は、あまりにも生命をいじくりすぎているのではないか。医療の限界を知るために必要な研究だと主張する人もいるが、「研究のための研究」になってしまうと「患者のための医療」ではなくなる。

身体中をチューブにつながれて植物人間で生きるよりも、一人の人間としての誇りを守っての「死」、それを「尊厳死」というのであれば、認めてしかるべきだ。とはいっても、自殺的な行為まで「尊厳死」に含めることはできまい。あくまでも自然死に近い「尊厳死」であるべきだということは、あえて言うまでもないであろう。

「尊厳死」が社会問題として浮上してきた背景には、過剰医療への反発だけではなく、人々が「自分は社会から必要とされていない」という孤立感を感じていることがあるのではないか。とくに後者の場合、老人に対する社会や家族の対応のあり方という問題が見え隠れしているように思われる。人間の「尊厳」が損なわれるのは、社会的にも家族の中でも自分の役割が無になった、あるいは邪魔者になったように感じられたときだからだ。

急激な核家族の増加が、老人の孤独感を深める大きな要因となっている。なにもかつての大家族がよいというわけではないが、戦後の家族制度が老人にとって住みにくい環境をつくっているのは確かだ。働き盛りの息子夫婦がともに外で働いて、子供は家に帰ると自分の部屋に閉じこもってしまう。家に一人で取り残された老人は何もすることがなく、自分が家族の中で「邪魔者」「余計者」になったという疎外感を感じてしまう。

周囲の人々が老人を尊び、自分たちの知らない知識や考え方を教えてくれる人生の先輩として接すれば、お年寄りは「尊厳死」を選択しないであろう。老人福祉や老人医療は延命と快適な老後を標榜しているが、人間にとって本当の生き甲斐は、自分が社会から必要とされること、その存在価値を自覚できるところから生まれる。

身体的な老いのために働くことができなくなったとしても、それだけで「尊厳」を傷つけられることはない。社会に不要になったと感じさせる処遇が、その人の「尊厳」を傷つけるのだ。それが今日、「尊厳死」を増加させる原因になっているように思われてならない。

「尊厳死」は余計な延命治療をおこなわないことだが、それとよく比較されるものに「安楽死」がある。一九九一年四月に東海大学病院で、家族の求めに応じて末期がんの患者を塩化カリウム注射で死なせてしまった事件がきっかけとなり、話題になった。「安楽死」とは、苦痛から逃れるために医師や看護婦、あるいは身内などの外部の助けを借りて楽に死ぬことである。しかし「安楽死」は自殺に近い行為だから「尊厳死」とはあくまで一線を画すべきであろう。

自殺的な要素を伴った「安楽死」は、大日如来と父母から授かった肉体を自らの意志で破壊するものといえる。仏教では「自殺」は大罪とされている。たとえどんなに頼まれても、「安楽死」には荷担してはいけない。

「自殺」ほど大きな罪はない

なぜ仏教は「自殺」を罪としているのであろうか。仏教でもっとも忌《い》むべき「不殺《ふせっ》生戒《しょうかい》」に抵触するからである。

仏教では、在家信者が守るべき戒律として「五戒《ごかい》」を教え、そして出家信者が守るべき戒律として「十善戒《じゅうぜんかい》」を教えている。

「五戒」とは「不殺生戒（殺してはならない）」「不偸盗戒《ふちゅうとうかい》（盗んではならない）」「不《ふ》邪淫戒《じゃいんかい》（みだりに性交をしてはならない）」「不妄語戒《ふもうごかい》（嘘をついてはならない）」「不邪《ふじゃ》見戒《けんかい》（正しい見解を持たなければならない）」の五つをいう。

そして「十善戒」は、この「五戒」に「不悪口戒《ふあっくかい》（悪口を言ってはならない）」「不《ふ》両舌戒《りょうぜつかい》（二枚舌をつかってはならない）」「不綺語戒《ふきごかい》（言葉を飾ってはならない）」「不《ふ》貪欲戒《とんよくかい》（欲張ってはならない）」「不瞋恚戒《ふしんにかい》（怒ってはならない）」の五つを加えたものをいう。

「五戒」と「十善戒」のいずれを見ても、最初にあげられている戒めは「不殺生戒」である。「殺生」は厳密には「自殺」ではなく、他人の命を奪うことをいう。しかし究極的に自らが仏になることを目標としている仏教では、「自殺」というのは教えの埒外《らちがい》のことで、戒律の中には含まれていなかった。

しかし、これまで何度も述べてきたように、私たちの命は大日如来から授かったものだ。あるいは分身といってもよい。人間の命とは、そっくり大日如来でもある。その命を断つということは、生命を与えてくださった大日如来に対する背信行為にほかならない。

だから他人の命を奪うことはもちろん、み仏が与えてくれた自らの身体を滅ぼす「自殺」をして、「不殺生戒」の戒めを破った者は「地獄」へ、それももっとも厳しいとされる阿鼻《あび》（無間《むげん》）地獄《じごく》に堕ちることになるのである。

ただし「不殺生戒」は、何ものも殺してはならないということではない。たとえば漁師は魚を捕って生計を立てている。その魚は自らを人間に食べてもらうことによって、人々の血となり肉となっている。人間が生きていくうえで必要だから、これをやめるわけにはいかない。

すべての生物は、何かを殺生して生きている。歩いていれば蟻を踏みつぶすかもしれないし、野菜を食べる行為は、野菜の命を奪うことにほかならない。人間は何も殺さずに生きていくことはできない。「不殺生戒」とは生物を殺してはならないというのではなく、何の理由もなく生命を奪ってはならないという教えなのだ。

故意に他人を殺すことは「大殺生戒」といって、もっとも重い罪だとされている。また動物を故意に殺すのは「小殺生戒」といい、これも罪になる。いずれにしても仏教では、殺生は最大の罪になる。殺生をそそのかすのも、また傍観するのも同罪といえる。

私たちの生命は、その人だけのものではない。すべての生命は大日如来から授かったものであり、大日如来そのものでもある。だから大日如来そのものである自分自身を故意に殺す「自殺」は、「不殺生戒」の禁忌《きんき》に触れることになるわけである。

大日如来の念願は、この世のすべての生物が「生」を全うすることにある。だから私たちは生きるうえでやむを得ず奪ってしまった生命に感謝の念を抱き、その生命を無駄にしないためにも、私たちは可能な限り人生を大切に、精一杯生きていかなければならないのである。

介護の根幹は、老いの悲しみ苦しみに「同悲」する心

先日、新聞にこんな記事が載っていた。「姑《しゅうと》介護、迷いの日々」と題した女性の投書である。

「痴呆《ちほう》老人を抱えている家族は、『悲しみ』『不安』『自責の念』という思いに苦しんでいると聞きました。私たちが守ってあげなければならない弱い立場にいる母に、大きな声で怒鳴ったり、手をあげそうになったりする私。やさしく相手をして語りかけ、ゆっくりと何か得意なものをやらせてあげれば、痴呆はこんなに急に進行しなかったかもしれません」

この女性は母親の介護をしながら、忙しさのあまり、ときに慈愛の気持ちを忘れてしまう自分を責めていた。

老人介護については、何よりも国の制度が良くならなければならない。介護している人が、気持ちも時間も、お金のゆとりも持てるように考えていくべきだ。

しかし、介護においてそれ以上に必要とされているのが、「介護する人」に対する精神的な支援である。痴呆老人や寝たきり老人などの「介護される人」を日中だけ預かっ

たり、ショートステイと呼ばれる一晩泊まりの制度ができて、ある程度の改善はなされた。だが「介護する人」への精神的な支えはどうかといえば、そうしたケアはあまり見あたらない。

介護の「敵」は疲労と失望感である。この敵と戦うために、私は朝晩に般若心経《はんにゃしんぎょう》を唱えることをすすめている。

痴呆老人はかたときも目が離せないから、家族の誰かがボケてしまうと、一般的には家庭にいる主婦に大きな負担がかかる。どこにも出かけることができないので、しだいに彼女は孤立化していく。実は、人間は孤立すると生命力が低下するのである。

人を助けることができたとき、私たちの心は心底から満たされる。心が満ちるとき、それは内なる仏に出会ったときなのだ。

こうしてほしい、ああしてほしいと自分が願ってばかりでは、「他人にしてもらうだけの人生」で終わってしまう。自分の大いなる力に気づかずにいると、どこか満たされない気持ちのままに老いてしまうであろう。

介護をしている人たちが、とても苦しい日々を送っているのはよくわかる。しかし、つらい気持ちでわが身を苛《さいな》んでも何もならない。み仏が分けてくださった生命の手応えを感じとれば、きっと元気が湧いてくる。

老いて死ぬということは、生命の決まりごとである。老いを「あるがまま」に受け容れることができれば、痴呆老人に対する気持ちも変わる。老人介護をするうえでもっとも大事な心構えは、「あるがまま」に受け容れることではないか。痴呆症になりかけたお年寄りに対して怒ってはいけない。お年寄りに「ご飯はまだか」と聞かれて「さっき食べたでしょ」と頭ごなしに怒るのは、逆に痴呆を進行させるそうだ。「いま用意しています」と答えて、お茶や煎餅を差し出してあげるのがよいという。

「あるがまま」とは、たとえでこぼこした形であっても、整えない形のまま——ということである。広い心と柔軟な姿勢がないと、ものごとをあるがままに受け容れることはできない。とかく私たちは、ものごとを狭い自分の心に無理やり押し込めようとしてしまう。そうすると必ずどこかにひずみが生じ、いらだちや怒りのもとになるものだ。

小さなことに目くじらを立てず、心を明るく、大きく保っていただきたい。「あるがまま」を受け容れるとは、心にゆとりをつくることからはじまる。

ところで、あなたは、痴呆になった老人と一緒に笑うことができるだろうか。「そんなゆとりはありません」と言われそうだ。しかし、こんな話がある。

ある家庭で、痴呆症になったおばあさんが夕食を食べながらおじいさんに語りかけた。「わたし子供ができたみたい、どうしよう」。おじいさんはニコニコしながら「おおそうか、産んだらええ」と答えたので、家族全員もどっと笑った。おばあさんはそれを見ているうちに楽しい気分になったのであろう、一緒になって笑っていたそうだ。

こんな話もある。

母親が痴呆症と診断され、自宅で介護してきた女性が、あるとき母親に尋ねた。「おかあさん、どんな気持ちでいるの」と。痴呆はすでに中度から重度に進んでいたのだが、母親はじっと娘の顔を見てこう答えたそうだ。

「ああ、よく聞いてくれたね。私は毎日夢の中で生活しているようなんだよ。何が何だかさっぱりわからないよ。自分が何をしたのかわからなくて、こわいよ。悲しいよ」

そう語りながら母親は涙を流した。娘さんは思わず、「心配いらないのよ。私がついているから」というと、母親は「こんな親でも頼むね。おまえのところに置いてね。行くところがなくてすまないね」と答えたという。

自分で自分がわからなくなるという恐怖が、痴呆になってしまった人の苦しみなのだ。その苦しみを伝えるすべがないから、暴れたりする。自分の意思を表現できなくなった恐怖や自分の行動を自覚できない不安が、老いの病気となっているのだ。家を出て徘徊《はいかい》してしまうのも、「みんなに迷惑をかけている」という気持ちによるものだという。

ところで、どうして老人は不愉快そうな顔をしたり、不機嫌そうな態度をとるのだろう、という若者の声を耳にする。

歳をとれば身体のどこかが具合悪くなるのは当たり前で、それが表情に出る。あるいは年寄りとして半人前扱いされることに我慢がならないのかもしれない。体力がなくなり、そんな自分自身にいらだっているところに若い人と意思が通じないことへの焦燥《しょうそう》感が重なり、不機嫌になるのだそうだ。

若い人からすれば、老人だって改めてもらわなければと思うことであろう。しかし、どちらが先に相手の心に近寄るべきかといえば、体力のある若い人からだ。

痴呆症になった方々はみな、間違いなく苦しんでいる。徐々に記憶を失っていく悲しみや、相手のことがわからなくなってしまう悲しみ……。介護を受ける側の人は、私たちが想像している以上に苦しんでいるのだ。

何かを必要としている人に、必要なものを与える。この「布施」の精神をもって、お年寄りに接していただきたい。痴呆症になった老人にやさしい言葉をかけたり、いっしょに同じ時間を過ごして、楽しい気分にさせてあげる。これが老いの悲しみに対する「同悲」である。こうした「布施」や「愛語」の精神こそ、老人介護の根幹になるべき考え方なのだ。

第十二章　宗教の役割とは何か

仏を信ずれば、生きる「確信」が湧いてくる

数年前、新聞にこんな記事が載っていた。東大医学部の教授が、「いま医学部にいる学生はたしかに頭は良いのだが、半数以上の人が将来、病気を診断して人の命を救う医者としての適格性を持っているかどうか疑わしい」と書いていたのだ。やがて彼らが卒業して一人前の医者になる。つまり私たちは、適格性を疑われるような医者に自分の命を預けるわけだから他人ごとではない。

有名大学の医学部に入学することだけを目標としてきた彼らは、難関を突破するだけの知識と要領は身につけたが、反面、受験戦争の中で大切な何かをなくしてしまったのではないか。

私の寺にも、ときどき大学生がやってくる。あるとき京都大学の学生が「修行をさせてほしい」と門を叩いてきた。寺の掃除をしたり護摩《ごま》木を削ったりしながら何カ月かを過ごして帰ったのだが、彼はしきりに「大学に合格したものの、次の目標を見失ってしまった」とこぼしていた。勉強、勉強と追いたてられて、一流大学合格という一応の成果を上げたものの、それで何を得たのかと自問してみると、何も残っていないことに気づいたのだそうだ。

その一方で、いわゆる〝落ちこぼれ〟とよばれる生徒もやってくる。先の学生とは逆に、学校の成績競争に負けてしまった子供たちだ。勉強だけがすべてではないのだから、何かほかの方向に努力を傾けるように指導すれば、〝落ちこぼれ〟だからといって別に問題があるわけではない。だが彼らの中には、学校や家庭内で暴れて他人を傷つけたりする者もいるので、私の寺でなんとか更生させてほしい、というのだ。

こういった子供たちの非行は、まさに「因果応報」というか「自業自得」というか、自らが蒔《ま》いた種が結局は自分の身に降りかかってきた結果だといえる。

しかし、どんなに悪事を働いた子供であっても、心のどこかに必ず「仏性《ぶっしょう》」を持っており、他人の痛みや苦労を理解する「慈悲」の心があるものだ。非行に走ってしまった子供たちは、自分の中に「仏性」があるのを知らず、また周囲の人も気づかずにいたにすぎない。

親や学校から「失格者」の烙印《らくいん》を押されてしまった少年たちだが、私の寺に来ると、みな不思議なことにおとなしい性格に変わる。私は殴ったり蹴ったりして折檻《せっかん》をしているわけではない。〝あるがまま〟の生活をさせて、気ままに放っておくだけである。それでも私たちの「行」を見ているうちに、自然と少年の「仏性」が目覚めるのであろう。

親に命令されてもしなかった掃除も一所懸命にやっている。私からすれば、どうしていままで暴れていたのか理解に苦しむのだ。

しかし、これで大丈夫かというと保証の限りではない。もとの環境に戻すと、やはり以前と同じ行動をとるおそれがある。「朱に交われば赤くなる」というように、目覚めた「仏性」を定着させるためには周囲の環境から変える必要がある。そこには「信心」という気持ちが必要になってくる。これは当の本人だけでなく、周りの大人たちも同様だ。

人は「信仰」を通じて「何か」を得ることができる。そして、この何かこそが私たちの心を強くしてくれるのである。

「み仏や弘法大師、先祖、両親がいつも見守ってくれている」。この確信があれば、人はどのようなことにも耐えられる。人間の「強さ」や「弱さ」は、この確信の有無や強弱に起因しているといっても過言ではない。

これは理屈ではない。どんなに優れた理屈や理論も、時代や状況が変わればほかの理論に打ち負かされる運命にある。理屈ばかりが先行すると、いつの間にか論理の袋小路に入り込んで、物事の本質が見えなくなってしまうものである。

「行」を通じて自分の実感としてつかんだ「確信」には、そのようなことがない。純粋な確信であればあるほど、時代がどうであれ、他人がどうであれ、揺るぎはしない。私は、それが信仰だと思っている。

誰しもが持っている「仏性」に目を向けるよう導いて、個々人が自分の中に見つけた「仏性」の磨き方を教えること。「行」をすることによって、揺るぎない「確信」を得る手伝いをすること。密教の教えは、まさにここで生きてくる。そして、この導きこそが、私たち宗教家や仏教徒の役割だと思っている。

なぜ新興宗教が人々の心をとらえるのか

ここ数年〝宗教ブーム〟が続いている。だが私から見ると、何とも奇妙な現象に思える。元来、宗教とはブームになるような性格のものではない。それがブームになってしまうのだから、日本人の心はどこか病んでいるのではないであろうか。「心の時代」といわれて久しいが、いまだにその心は癒《いや》されていないのだ。

信仰を求めている人が増えているのはよろこばしいことではあるが、その興味や関心の対象の大部分は「新興宗教」に傾いている。もちろん新興宗教にも、人々にわかりやすい現世利益をアピールするなど、それなりの魅力があるのは確かだ。

逆にいえば、既成宗教がこれまでの権威にあぐらをかいて、若者たちが自由に飛び込んでこられる開放性を欠いていたということでもある。また、自分たちの教義を積極的にアピールする姿勢が不充分だったのかもしれない。こうした点については、既成宗教の側も深く反省する必要がある。

仏教には約二千五百年の歴史がある。だが、歴史が人を救うのではない。そこにいる僧侶が人々にみ仏の心を伝え、救うことができなければ、まったく価値がない。

仏教者として、あえて私は問わなければならない。新興宗教の乱立を批判する前に、自分たちがどれだけ教化に努めてきたのか、と。

私は弘法大師の真言密教が「救い」を与える宗教として今日も厳然と存在していることを、できるだけ多くの人に知ってほしいと思うし、そのために最大限の努力を傾けている。私が長年にわたって続けている護摩《ごま》行もその一環だし、平成元年に成満《じようまん》した「百万枚護摩行」もその一つである。

私の寺には、先に紹介した京都大学の学生のほかにも、有名大学を卒業した弟子が大勢いるが、いずれも大学教育では満足できなかった者ばかりである。いくら高尚な学問を学んだとしても、精神的な満足が得られなければこの世は闇と同じでしかない。

本当の満足とは金や名誉ではなく、正しい教えに接しなければ得られないものだ。その根本的な感得は「他人の救済」を自ら実践してはじめて得られる。

ところが現代の新興宗教の中には、我欲に取り憑かれたものが多いような気がする。こういう人たちは教祖さまのため、教団経営のために金を集めているという使命感を持っているだけに、なお始末が悪い。自らの所業を善行だと錯覚しているので、どんなことでも平気でする。騙した相手が自殺に追い込まれるような事態になっても、「信心が足りなかった」と平気ですませてしまう。彼らは自分のやっていることが〝正しい〟と確信しているから、いつまでたっても迷いからさめることがない。延々と人々を不幸に引きずり込んで、自分も地獄へ堕ちていくのである。

そもそも自分が幸福でないのに、人々を幸福にすると嘘をつくこと自体が悪い因縁をつくってしまう。これでは教えるほうも、教えられるほうも幸せになれるはずがない。信仰の結果で真に幸せになったのなら、信者も自然と増えていくはずだ。本当の宗教とは、そうして育つものではないだろうか。

昨今の宗教ブームの根底にあるのは、〝自分だけに対する〟やさしさや思いやりなのかもしれない。こういう人たちは「私だけが他人に愛されたい」、「自分だけにやさしくしてほしい」という思いがとても強い。

他人に何ひとつ施すことをしないで「我欲」だけを追求する人が、「やさしさ」や「思いやり」を他人から受けることができるか。他人から好かれない人が、真の救済を得られるか。そんな人々が多くの人々を救うことができるのか。私にはそうは思えない。「我欲」はあってもよいものだが、それによって「布施」の心に目ざめて善行を積み重ねることで、人は自分や他人をも幸せにすることができるのである。

宗教がなすべき大きな役割とは

いまの医学は、肉体の治療のみに主眼をおいている。しかし、人間はただの物体ではない。心を持った存在である。とくに「死」を迎える刹那《せつな》には肉体の延命もさることながら、精神面でのケアにこそ重きを置くことが重要ではないか。

この重要な役割を果たせるのが宗教家ではないかと私は考えている。現在のところ、医療の現場に入ってきているのはキリスト教だけだが、日本ではやはり仏教関係者がおこなわなくてはならない。

日本は仏教国といわれながら、仏教関係者による末期患者の精神面への支援が立ち後れている。そうした必要性を感じて、一部の青年僧たちが細々とおこなってはいるが、医療と密接に結びついたかたちでおこなわれなければ効果はあまり期待できない。

そのためにも仏教関係の大学に講座を設けて医学知識をきちんと教えながら、そうしたカウンセラーや宗教的素養を持った医師たちを養成する必要があるのではないか。

残念なことに日本では、病院に僧侶が出入りすることをあまり快く思っていないようだ。理由の一つには、国公立の病院では政教分離の問題ともからんで、「宗教」に対する拒絶反応がある。しかし、本音の部分では、僧侶の姿が患者に「死」を連想させてしまうからであろう。

あるとき弟子が、病院に僧衣を着て友人を見舞いに行った。病院の廊下を歩いていると各病室から付き添い人らしき人々が顔を出して、不安そうに眺めていたそうだ。僧侶が友人の部屋に消えたものだから、てっきりその友人が亡くなったのではないかと噂がたったそうだ。

弟子が二度目の見舞いに行くと、友人の奥さんは「どうぞ、僧衣だけは着てこないでいただけませんか」と、申し訳なさそうに頼んだという。

「葬式仏教」という言葉があるように、いまの日本では、仏教は人間の「死」だけを扱うものと受け止められている。仏教だけではないが、宗教全体が〝死を司《つかさど》る〟というイメージを払拭《ふっしょく》できないでいる。

しかし近年、医療の現場でも宗教の重要性が見直されているのは事実だ。その最たるものが、「ターミナル・ケア」である。

「ターミナル」に終着駅という意味があるように、「ターミナル・ケア」とは、三〜六カ月以内に死が予想されるような末期がんの患者（ターミナル患者ともいう）にがんの告知をして、残りの人生を有意義に、充実した生活を送ってもらうために、医者や看護婦はもちろん、家族や友人、ボランティア、宗教家などがその手伝いをすることをいう。延命だけの治療は極力なくして、肉体的な痛みがなく、精神的にも悔いを残さず、安らかに死を迎えるために患者が心の準備をしておくのだ。

ターミナル・ケアを専門的におこなう医療施設のことをホスピスという。欧米には専門的なホスピスが数多くあり、通常の病院の中にもホスピスの病棟が設けられている。

末期がんの患者は、確実にやってくる「死」に底知れない恐怖心を抱いている。それがもとで、次々に湧いてくる妄想に苦しめられるケースも少なくない。これは精神的な次元の問題であり、けっして手術や薬剤で取り除くことはできない。そうした恐怖心を癒《いや》すためには病院のスタッフだけでなく、患者にゆかりのある幅広い人たちの協力が必要となる。

しかし、日本では「ターミナル・ケア」は一部の病院でおこなわれているだけで、まだ一般には浸透していない。「死」が間近に迫った患者への精神面でのケアは、非常に遅れていると言わざるを得ない。

本来ならば、日本は「ターミナル・ケア」先進国になってもおかしくない国のはずだ。

仏教では二千年も前から、よく似た医療をおこなっていたからだ。

それが「祇園精舎《ぎおんしょうじゃ》」で、『平家物語』の冒頭に置かれた有名な言葉だが、これは須達《しゅだつ》長者《ちょうじゃ》がお釈迦様とその弟子に寄進した寺院の名前に由来する。

お釈迦様が在世《ざいせ》のころ、祇園精舎には一般の仏教徒の巡礼者に交じって、死に瀕《ひん》した重病患者も訪れていたそうだ。彼らは阿弥陀如来《あみだにょらい》像の背後に寝かされ、死が迫ってきたのを感じると阿弥陀如来に西方浄土（極楽）へ導いてもらうために、祇園精舎に響く僧侶たちの読経の声に合わせて懸命に祈った。一種の安心《あんじん》（教えを聞いたり修行を積むことで、心の動くことのなくなった境地）を得るための儀式だったといえる。

それによって患者は死を厭《いと》うことなく、むしろ死は極楽へと導かれる旅立ちだという悟りの境地に達して、従容《しょうよう》と死に赴《おもむ》いたのだ。一人の患者が息絶えると同時に鐘が打ち鳴らされ、祇園精舎全体に響きわたった。それによって祇園精舎の人々はあの世に向かった霊に祈りを捧げ、その祈りの声に安心して霊も死出の旅に就くことができたのである。

ほかの人たちも自分が健康なときにはこうして死者を送った経験があるため、自分が旅立つときが来ても、ついにその順番が来たと覚悟することができた。こうして、そこには互いに安らかな死を迎えようとする助け合いの精神が生まれたのである。

この伝統は日本にも受け継がれていた。全国各地にあった施薬院《せやくいん》（聖徳太子、光明皇后、徳川吉宗など各時代の為政者が設置し、医者にかかる費用を持たない庶民に薬を配った）や薬師堂《やくしどう》（薬師如来を安置するお堂。薬師如来は医療を司る仏）はその名残である。

現代のホスピスもまったく同じである。先にも述べたように、その目的は、延命治療を施して患者を必要以上に苦しめるかわりに、痛みを取り除いて死の恐怖から解放することだ。欧米では、患者の精神的苦痛を取り除くためには、神父や牧師の存在が必要不可欠だと考えられている。

日本では仏教イコール葬式というイメージが定着しているが、宗教とは本来、人を救うためにある。この世に生まれたからには楽しく幸福に生きたい、というのが誰しもの願いであるはずだ。

私の寺には、医者も匙《さじ》を投げるほどの重病を患って、藁《わら》をもすがる思いで来る方もいる。私はそういった患者さんのために加持祈禱《かじきとう》をしたあと、病院の先生を紹介すると大変感謝される。病院の先生も親身になって看病をしてくれる方ばかりで、「もう、これで治らなかったとしても本望です。本当にありがたい」と言いながら、体調の良い日にわざわざ寺にお参りにやってこられる。

お医者さんからは、がんだといわれているから、その人は半ば覚悟ができているが、精神的な支えがほしいのだ。それは治療ではなく「慈悲」の心で、「布施」と「愛語」が求められているのである。

仏教では、他人の苦を少しでも取り除いて毎日を楽しく過ごせるように努力することを「抜苦与楽《ばっくよらく》」という。人々の「苦」を抜くために必要なのは「同悲」の精神で、「楽」を与えるのは「慈」の心にほかならない。

この「抜苦与楽」こそが、私たち宗教家の大きな役目なのである。

第十三章　密教の世界

密教は現世利益を否定していない

顕教《けんぎょう》（真言密教以外の一般の宗教、言辞によって説き示された仏教）と真言密教の差異を簡単にいうと、「他力本願」と「自力本願」の違いが挙げられるであろう。顕教では、人の本性を「一切衆生悉皆成仏《しゅじょうしっかい》」と説いている。これは、この世のすべての人はみな仏性《ぶっしょう》（仏になる素質）を持っているということである。

「現世において善行を積み、念仏を唱《とな》えれば、み仏が西方浄土（極楽）に導いてくださる。たとえ盗人でも、死ぬ直前に『南無阿弥陀仏』と唱えさえすれば極楽へ行かせてもらえるのだ」。顕教はこのように教えている。ただし、仏の慈悲にすがらなければ仏性が顕現《けんげん》しないというのだから、顕教は「他力本願」の宗教といえるであろう。

一方、真言密教は「自力本願」の教えである。「一切衆生悉皆成仏」からさらにもう一歩踏み込んだ「山川草木国土悉皆成仏」の教えがいい例で、これは「人だけでなく、いずれは草木も大地もすべてが仏に帰るのだから、あれこれと死後のことを心配するのをやめよう。むしろこの世を極楽にするためにお互いが助け合い、慈《いつく》しみ合って生きることを考えようではないか」という考え方を示している。

真言密教では現世を極楽にすることを奨励しているから、「現世利益《げんぜりやく》」の追求を否定はしない。ただし「現世利益」といっても、不正にお金を得たり、道理にはずれた欲望まで満たすことを禁じているのは言うまでもない。

ここでいう「現世利益」とは、生きる楽しみや喜びを得ることを指す。楽しみや喜びを得てこそ人の心が満足し、幸せな人生を送れるようになる。

もちろん、自分の「利益」を求めるだけではいけない。「現世利益」とは、あくまでもこの世で幸せになるための手段の一つで、目的ではないからだ。真言密教の最終目的がどこにあるかというと、「即身成仏《そくしんじょうぶつ》」にほかならない。「即身成仏」とは、言葉どおり人間の身体のままで仏になることである。

弘法大師は『般若心経秘鍵《はんにゃしんぎょうひけん》』で次のようにおっしゃっている。「悟りとか真理とは、本来自分の中にあるものだ。発心《ほっしん》（最高の悟りに達しようと決心すること）して修行すれば誰でも悟ることができるのだ」と。

正しい手順で行を積みさえすれば、誰でも仏になることができる。悟りとか真理というものは本来自分の中にあるのだが、人はそれに気づかないものだ。

密教をひと言でいえば、行を積んで即身成仏となり、宇宙の真理を知って悟りを開くことを教える宗教なのである。

この世の命を全うして、大日如来のもとに帰る

このように、「自分の中に仏性を隠して秘密にしている」ことを「衆生秘密」といい、また「大日如来が説かれた教えは、玄奥《げんおう》（道理が奥深いこと）で人間の知恵では推し量れない」ということを「如来秘密」という。「密教」（秘密の教え）という名前の由来はここにある。「衆生秘密」と「如来秘密」のいずれにしても、普通の人間には計り知れない教えであることから「密教」と称されるようになったわけだ。

ところで、人間にはわからない奥妙《おうみょう》な教えを説く「大日如来」とは、どのような存在なのであろうか。

弘法大師は大日如来について、次のような歌を詠んでいる。

阿字《あじ》の子が　阿字のふるさと　たちいでて
またたち帰る　阿字のふるさと

「阿字」は梵字《ぼんじ》の最初の文字で、大日如来をあらわしている。これは「私たちは大日如来から生み出され、また大日如来のもとに帰っていくのだ」ということを説いた歌である。

大日如来は、無始《むし》無終《むしゅう》（始めもなく、終わりもないこと）で、時間も空間も超越したすべての生命体の生みの親であり、生命エネルギーの集合体ともいうべき存在だ。大日如来はすなわち大宇宙そのものだといってよい。つまり、宇宙にあるすべての存在は「阿字の子」というわけである。

大日如来の生命エネルギーは絶えず宇宙線のように放射され、目には見えないが宇宙の中に遍満《へんまん》（広くいっぱいに満ちていること）している。この生命エネルギーが生物という容《い》れ物に注がれることによって、この世に人間として生まれたり、動物となって誕生してくる。逆に死というのは、人間や動物といった容れ物が壊れたり古くなったりして、もとの大宇宙、大日如来のもとへに帰るということにすぎない。いわゆる「霊」といわれるものは、大宇宙に帰った生命エネルギーが次の行き先を待っている状態を指しているのだ。

命を全うした者は大宇宙のもとへと戻り、再び人間あるいは動物となって生まれてくる。この生命エネルギー、すなわち霊のサイクルがいわゆる「輪廻転生《りんねてんしょう》」なのである。では「輪廻転生の結果、来世で何に生まれ変わるか」は、いったいどのように決められるのであろうか。

人間にもいろいろな人がいるように、霊も千差万別だ。その人が生きているあいだの言動や精神活動は肉体が滅びても霊の中に凝縮されており、現世でのおこないが因縁となって、霊界での住処が決定される。

仏教では、迷界《めいかい》(現世)と悟界《ごかい》(悟りの境地)を、こうした生命の状態や傾向性によって、十の段階に分類している。第八章で述べたように、それぞれを「地獄道《じごくどう》」「餓《が》鬼道《きどう》」「畜生道《ちくしょうどう》」「修羅道《しゅらどう》」「人界《じんかい》」「天界《てんかい》」「声聞界《しょうもんかい》」「縁覚界《えんがくかい》」「菩薩界《ぼさつかい》」「金剛界《こんごうかい》」といい、これを総称して「十界《じっかい》」と呼ぶ。

では、一つずつ説明していこう。

最初の「地獄」というところが本当にあるかどうかはわからないが、際限のない苦しみにのたうちまわる状態を「地獄」という。「地獄道」に堕ちた霊は人間になれるどころか、未来永劫《えいごう》にわたって苦しみ続ける。

次の「餓鬼道」は、欲望が異常に肥大してとどまることがなくなってしまう状態をいう。ここに堕ちた霊は、自分の欲望を満たすことしか考えない。古代ローマ時代の貴族は、ごちそうを食べ過ぎて腹がいっぱいになると、一度吐き出してからまた食べたという。現代においても権勢欲の塊のような政治家や、金の亡者となった経営者など、際限のない欲望は「餓鬼道」の特徴といえよう。

次の「畜生道」とは、どんな分類になるのだろうか。「畜生道」に堕ちた霊は、何につけても衝動的になり、獣《けだもの》のように自分の欲望の満足に向けてひた走り、近親相姦のような浅ましい行為まで平気でやってのける。大学教授や高校教師が教え子の女性を犯したり、援助交際のような性風俗の乱れなど、その典型といえるであろう。

以上の三つをまとめて「三悪道《さんまくどう》」という。

次の「修羅」は、喧嘩っ早い、怒りっぽいなど、争いを好んで他人を傷つけても何とも思わないような人がここに分類される。「地獄」「餓鬼」「畜生」に「修羅」を加えて「四悪趣《しあくしゅ》」と呼ぶこともある。

「十界」の真ん中に位置している「人界」は平凡な人としての平らかな状態で、われわれが住んでいる世界である。

次の「天道」は不安や苦しみから解放された世界のことだ。この六種類の生命状態を「六道」という。ほとんどの人間は、この「六道」のあいだを行き来しているといってもよいであろう。

この「六道」の上にあるのが「声聞界」「縁覚界」「菩薩界」「仏界」の四つだ。

「声聞界」は、天上界からの声を聞くといったような、芸術的な創造や科学的な発見をしたときの高揚した精神状態をいう。たとえば、ニュートンが木から落ちるリンゴを見て万有引力を発見した、といった天啓がこれにあたる。前述したとおり、インスピレーションは宇宙から授かるものなのである。

次の「縁覚界」とは仏の縁に目覚め、多くの苦しむ人々を救おうと発心して、仏道修行をする崇高《すうこう》な心のことである。

「菩薩界」は慈悲の心ですべてを許し、慈しむことである。最後の「仏界」とは、文字どおり仏となり、悟りを開く境地のことをいう。

私たち人間は生きているあいだ、この十段階を一つずつ上にあがれるように努力を重ねて、自分を磨くべく生まれてきた存在なのである。

色即是空、この世のすべては空である

色即是空《しきそくぜくう》　空即是色《くうそくぜしき》
般若心経や仏教のことは知らなくても、「色即是空」という言葉を知っている人は多いかと思う。さまざまな意味につかわれ、さまざまに解釈される言葉である。解釈の仕方が多種多様であるのは、それだけこの経文が多くの真理を含んでいる、ということではないだろうか。
しかし自分の解釈と違うからといって、他の人のそれを言下に否定してはいけない。どんな解釈も、その人がとらえた真理の一端であると考えれば、その人の心の置きどころが見えてくる。もしかすると、み仏はこの経文の解釈によって悟りへの道を示しているのかもしれない。
弘法大師は「色即是空」が指し示す内容を「建《こん》」として、「いわゆる建立如来《こんりゅうにょらい》の三摩《さんま》

地門《じもん》これなり」と教えられた。

建立如来とは「普賢菩薩《ふげんぼさつ》」のことで、弘法大師は「世界は普賢菩薩によって建立された」と考えられた。この「色即是空」は仏教の根底をなす教えであり、密教の世界観の「軸」になる言葉だという意味を込めて「建」としたのである。

では、「色」とは、そして「空」とは何であろうか。

「色即是空」という言葉が直接意味するのは、「『色』とはすなわち『空』であり、『空』とはすなわち『色』である」ということだ。「色」は、現実世界の目に見えるものだと考えるとわかりやすい。「空」は見えない世界、「あの世」のことだと思ってもよい。

「色」は宇宙にあって見えるもの、たとえば惑星や隕石のことをいい、「空」は見えないもの、たとえば空間（真言）と考えると対比しやすい。中国の易学でいう「陽」と「陰」、「裏」と「表」と考えてもよいであろう。

つまり、相反するものが同時に存在すること。これが「色即是空」であり、私たちの存在を語るときの基本になっている考え方である。

相反するからといって、「色」と「空」を無理やり分けようとすると、ものごとはすべてバラバラになってしまう。そうではなく、混沌《こんとん》として分割することのできない世界。

それが、私たちの存在している世界なのである。

昔の中国の思想書『荘子』には、次のような話がある。

「あるとき、私は胡蝶《こちょう》になる夢を見た。そのときの私は完全に胡蝶であって、自分が人間であることをすっかり忘れていた。夢がさめてもとの人間になると、今度は自分が胡蝶そのものだった感覚は消え失せている。私が単に胡蝶の夢を見ていたただけなのか、それとも本当の私は胡蝶で、人間になった夢を見ているに過ぎないのか……」

夢が現実なのか、それとも今の現実が夢なのかはっきりしない。その混沌とした世界こそがありのままの世界であり、人生における善と悪、美と醜というように無理やり分けるのは人間の所業であって、「あるがまま」の自然ではないという意味である。

現在の日本は不況のまっただ中にある。景気がよくない、カネがない、仕事もないないないづくしの陰に隠れたものを探すと、これはまたたくさん出てくる。たとえば「暇」。これはたいへん貴重なものである。気持ちにゆとりがあるかないか。これは客観的な判断を求めるものではなく、自分で選ぶ問題だ。つまり、「ある」といえば「ある」し、「ない」といえば「ない」。そういうことなのである。

このように、「ある」とか「ない」とかは、自分自身の選択によってあらわれる、自分の心の状態にすぎない。モノの有無は関係ない。それが「色即是空」の教えてくれる内容である。

物理学者の糸川英夫博士は、「色即是空」には物理学に通じるものがあるとおっしゃっている。

「我々の身体といっても、物質はすべて粒子でできているのだから、その粒子が真空の中から飛び出したとすれば、自分という存在ももともとは『空』であり、宇宙の真空の中に入っていって、そこから飛び出している仮の姿にすぎない。いつの日にか飛び出した穴に戻り、また絶対的な宇宙に戻るのだ。ただ、一条の光となって、宇宙の彼方へ飛んで行くだけなのである」(『新解釈〝空〟の宇宙論』)。

「空」とは何もないことではなく、あらゆるものを包み込んだ安定した状態であり、生命は宇宙の真空の中から生まれてくるというのである。真空の中に何かの刺激が当たる。光が当たると、ポンと「太郎」というものが生まれる。そして、宇宙空間には「マイナス太郎」が残される……。

私は、この「マイナス太郎」がすなわち霊なのだと考えている。私たちは目に見える肉体だけで生きているのではない。見えない霊体とともに、日々生命を磨いているのだ。

邪《よこしま》な気持ちで生きていると、この霊体が汚れていく。霊体が汚れると、私たちの肉体にも悪影響をおよぼすのである。

「太郎」が元気でいるためには、「マイナス太郎」も元気でなければいけない。「マイナス太郎」は私たちが見えないところで多くを気づかせてくれたり、教えてくれたりする存在なのだ。

「色即是空」という言葉は、何ごとも目に見える表面だけで判断してはならない、ということにほかならない。この世の事物すべては一つだけで成り立つのではない、あらゆるものが関係し合う広大なネットワークだ、という教えでもあるのだ。

結びとして　宇宙と人間

大宇宙のリズムと自分を合わせる

「山川草木悉皆《しっかい》成仏」という言葉が示すように、人間というものは本来、その内に「仏性《ぶっしょう》」を持っている。言い換えれば、仏と同じ「慈悲」と「智慧《ちえ》」を持っているということだ。私たちそのものが一つの宇宙であり、大日如来からつくられた存在であり、大宇宙の中でともに生かされているということをあらわしている。

もっとも、私たちはただ生かされているだけではない。私たちと大宇宙のあいだには、共通の「リズム」がある。人間も、動植物も、地球も、太陽も、すべての星も、およそ宇宙に存在するあらゆるものが同じリズムを刻んでいる。だからこそ私たちの病気や不運などのさまざまな苦難は、大宇宙のリズムと自分の生命のリズムが合致していないことに起因している。

人間の肉体を想像すると、それが理解しやすい。指先の爪を見ていただきたい。爪は人体の一番端にあって、肉体とは異なる組成のものだが、人体の一部であることにかわりはない。脳、心臓、肺、骨、筋肉、髪の毛……。すべて形も異なれば成分も違うが、それぞれの部位は独自の機能と特徴を持ち、血液の流れによって生かされ、神経という通信網で結ばれている。このように人体の中には単独で機能している部位など一つもない。すべてが他の部位と必ず何らかのかかわりを持っているのだ。

人体は、これだけのつながりで構成されているわけでもない。母親が赤ん坊を産む時間帯は、月の満ち欠け、潮の干満に関係があるという。出産が満月時に多いというのは、月の引力が陣痛に影響しているのだそうだ。

潮の満ち引きは月の引力によって起きる現象であり、羊水の成分はほとんど海水と同じ割合になっている。人間、海、月のそれぞれが、お互いに影響を与え合って存在しているのである。

また、人間と外界のリズムが無関係ではないという例に、人間の活動をコントロールしている自律神経の存在がある。自律神経には交感神経と副交感神経の二つがあり、昼間活発に動くときは交感神経が働き、夜、寝るときには副交感神経が働いている。朝の五時前後に副交感神経から交感神経に切り替わり、活動できるような態勢を整える。そして夜の十一時ごろに再び交感神経から副交感神経にバトンタッチして、昼間の活動によって疲労した肉体と脳を休めるのである。

だから、徹夜して昼間に寝る生活を続けていると、自律神経の切り替えがうまくいかなくなり、心身のリズムがくるってしまう。その影響は、肉体面よりも精神面により顕著にあらわれる。昼間なのに頭がボーっとする、全身が妙にだるい、集中力が欠けていたり、ちょっとしたことでイライラする……。こうなると内臓の調子も悪くなるし、病気にもなってしまう。

夜はきちんと寝て、昼間に活動するのが人間本来のあり方であり、それが大宇宙のリズムと合致した生き方だといえるであろう。

ところが科学の発達は、昼夜に関係なく人間を働かせるようになってしまった。グローバリゼーションの急速な進展によって、かつての商社マンならずとも外国の時間帯に合わせて夜中に仕事をするビジネスマンが急増し、また、コンビニやファストフード店などでは二十四時間営業も珍しくない。

これでは大宇宙と自分のリズムは崩れっぱなしである。

人間は本来大宇宙から生まれたものだから、いったん崩れたリズムを本能的に整合しようとするが、これを妨げようとする要素も日常の生活の中にはたくさんある。

大宇宙のリズムに合わせようとする本能的な調整機能が勝つか、それとも妨害しようとする働きが勝つか。このような〃勝負〃が私たちの生命の中では繰り返されているのだ。その勝敗に大きな影響力を与えるのが、いかに心を鍛えているかだといえよう。ふだんから善行を積み、「行」をおこなって、「苦しみ」を「苦」と思わない「強い心」をつくりだすことこそ、崩れてしまったリズムを取り戻すのに必要となる。

心の鏡を清らかに保つために

大宇宙のパワーとエネルギーを自分のものにすることを、密教では「加持感応《かじかんのう》」という。「この宇宙のすみずみに至るまで、仏の慈愛が満ちている。その慈愛は『遍照《へんじょう》』といって、生きとし生けるものすべての頭上をあまねく照らしている」ということである。

その慈愛を受け取れる人もいれば、そうでない人もいる。もし、仏の慈愛を受け取る人が、澄みきった心の持ち主であれば、仏の慈愛はその人を美しく照らしてくれるだろう。反対に心が汚れていれば、仏の慈愛はその心に映ることができず、むなしく通り過ぎてしまうばかりである。

「加持感応」の原理は、池の水面に月が映るようなものだ。池の水が鏡のように澄みきって動かなければ、美しい月の姿を水面に映すことができる。しかし池の水が濁って水面が揺れていれば月は鮮やかに映りはしない。

仏の慈愛も月光と同じで、地上にあるものすべてを照らしている。その光を感じるためには、いつも心を清らかにして、曇りのない鏡のようにしておかなければならない。「加持」の「加」とは、〝電波〟を発する源のようなもので、「持」とは、その〝電波〟を受信し、反応することだと考えればよい。み仏が私たちを助けたいといつも発信しているのに、私たちの中の受信機の電源が入っていなかったり、周波数が合っていなければ、いつまでたっても電波はキャッチできないのである。

この「加」と「持」の関係は、行者とみ仏のあいだにのみ存在するものではない。人間同士にもあてはまるものだ。

人間関係で、よく相性が良いとか悪いとかいうが、はじめて出会った瞬間に好意を持ったり、いやな感じを受けることがあるものだ。

相性が良いというのは、電波にたとえれば相手が同じような周波数の持ち主なのであろう。反対に相性が悪いのは、周波数が大きく異なっていて同調しにくいからだ。つまり、人間同士も互いに感応し合っているのである。

逆にいえば、「持」という受信機の性能を常に高めておけば、相手の思惑《おもわく》や意図が心の鏡面に映るものだ。極端な例でいえば男女の関係でも、周波数の同調性が乱れているときに「愛しています。結婚してください」と告白したら、かえって関係が壊れてしまうであろう。

何をやってもうまくいかない、誰とも気が合わない、運が悪い……、という人は、この「持」が汚れているのである。つまり、その人と大宇宙をつなぐ周波数がくるっているか、壊れているのだ。

私たち行者が毎日護摩木を燃やし、真言を唱えて「行」をおこなうのは、自分と大宇宙のリズムを一致させ、心を磨いて「持」の受信感度を高めるためでもある。あなたの中の受信機をもう一度チェックしてバッテリーを充電し、アンテナをめいっぱい延ばしていただきたい。受信機の精度を上げるためには日ごろのメンテナンスが必要なように、それなりの努力が必要になる。それが「先祖供養」であり、「布施」の心であり、「行」

なのである。

それには自分の心を常にきれい（素直）に保たなければならない。素直で「あるがまま」を受け止める気持ちさえあれば、大宇宙の恩恵を受け取ることができる。依怙地《いこじ》になったり、内向きになっていると、逆に凶悪霊（雑音）を集めることにもなりかねない。素直で、心を明るく燃やし、宇宙のリズムを確実にキャッチしてこそ、自らの力を苦しんでいる人に分け与えることができるのである。

「悩み、苦しんでいる人の『苦』を取り除いて『楽』にしてあげたい。できればすべての人に、宇宙のリズムをつかんでもらい、健《すこ》やかに幸福に包まれて生きる楽しみを味わってもらいたい」

そのように願う私は、み仏の力を人々に授ける仲介者としての役割と使命を果たすため、日々精進を怠らず、「行」に励むつもりでいる。

合掌

著者略歴

池口恵観（いけぐち　えかん）

昭和11（1936）年鹿児島県生まれ。烏帽子山最福寺法主、高野山真言宗伝燈大阿闍梨・百万枚護摩行者。幼少より真言密教、修験道の修行を積み、昭和34（1959）年高野山大学密教学科を卒業。密教最高の秘法「八千枚護摩行」を80数回修し、平成元（1989）年には未曾有の「百万枚護摩行」を成満。言語を絶する荒行を続け、絶大な法力を身につけた。同時に「世界平和巡礼」を続けて各国を歴訪、平成12（2000）年にはポーランド、イスラエル、フィリピン、中国を訪れ戦跡巡礼、平和祈願をおこなう。また、仏教者の立場から現代医療に取り組み、山口大学にて医学博士号を取得。山口大学医学部、山口大学医療短期大学部、広島大学医学部・歯学部、金沢大学医学部、大阪大学健康体育部、久留米大学医学部で非常勤講師を務める。主な著書は『密教の秘密』（潮文社）『花ごよみ仏話』（講談社）『生命倫理学　21世紀の医療と理念』（小社刊）等多数。

連絡先：鹿児島県鹿児島市平川町4850−1　最福寺

SEIKO SHOBO

心《こころ》を鍛《きた》えれば運《うん》は開《ひら》ける

2000年11月10日　初版第1刷発行

著者　池口恵観《いけぐちえかん》

*

発行者　田中亮介
発行所　株式会社 成甲書房
東京都千代田区猿楽町 2-2-5 〒101-0064
TEL 03-3295-1687　FAX 03-5282-3136
振替 00160-9-85784
E-MAIL mail@seikoshobo.co.jp
URL http://www.seikoshobo.co.jp
印刷・製本　株式会社シナノ

*

定価はカバーに表示してあります。乱丁・落丁がございましたら、お手数ですが小社までお送りください。送料小社負担にてお取り替えいたします。

ISBN4-88086-109-X